亚里士多德

张井梅 著

大家精要

Aristotle

陕西师范大学出版总社

图书代号 SK16N1502

图书在版编目（CIP）数据

亚里士多德/张井梅著. —西安：陕西师范大学出版总社有限公司，2017.1（2024.1重印）

（大家精要）

ISBN 978-7-5613-7672-0

Ⅰ. ①亚… Ⅱ. ①张… Ⅲ. ①亚里士多德（Aristotle 前384—前322）— 传记 Ⅳ. ①B502.233

中国版本图书馆CIP数据核字（2016）第320079号

亚里士多德 YALISHIDUODE

张井梅 著

责任编辑 宋媛媛
责任校对 陈柳冬雪
封面设计 张潇伊
出版发行 陕西师范大学出版总社
（西安市长安南路199号 邮编 710062）
网 址 http://www.snupg.com
印 制 永清县晔盛亚胶印有限公司
开 本 650 mm × 930 mm 1/16
印 张 10
字 数 100千
版 次 2017年1月第1版
印 次 2024年1月第3次印刷
书 号 ISBN 978-7-5613-7672-0
定 价 45.00元

目　录

引　言

德国著名学者海德格尔用了这样的话来评述亚里士多德的生平："亚里士多德出生，思考，而后死去。"亚里士多德的一生就是思考的一生，他对真理的追求从来没有停止过，他对知识的渴望也从来没有削弱过。在人才璀璨、照耀寰宇的古典希腊世界里，亚里士多德仿佛一尊理智的庞然大物，矗立于科学知识领域上空。他那渊博的知识和深邃的思想，令人惊叹并为之折服，在他之前没有人对学术作过如此重大的贡献，在他之后也没有人对知识有过如此全面的掌握。黑格尔赞誉他是"历史上无与伦比的人物"，马克思称颂他为"古代最伟大的思想家"，恩格斯称其为古希腊"最博学的人物"。他完全无愧于这些评价，因为整部欧洲思想史就是对亚里士多德的诠释史，没有人可以否认他作为西方文化奠基人的历史地位。

亚里士多德是当时几乎所有学科的创立者，在他的一生里撰写了百余部巨著，内容涉及哲学、逻辑学、物理学、动物学、心理学、天文学、政治学、伦理学、诗学和修辞学等学科。他以科学的方法阐明了各学科的对象、简史和基本概念，并提出了人类知识结构的三大类划分，即理论科学、实践科学和创制科学。可以说，正是由于亚里士多德，混沌一团的科学才有了分类，进而才能绽放出朵朵绚丽的精神之花。

亚里士多德是至善幸福人生哲学的折中者。在他的哲学思想中，一个显著特点就是追求“中庸之道”，这不仅是他信奉的伦理原则之核心，也是他主张的思想方法之特色。外邦人的身份角色，使他游弋于马其顿和雅典之间，在碰撞与融合中，他产生了折中主义的思想倾向。这种思维方法，将他与他的老师柏拉图区别开来：柏拉图推崇“理念论”，是西方思想中刚性哲学的代表，是理想主义思想的典型；亚里士多德坚持“实体论”，是柔性哲学的建立者，是现实主义思想的大师。

亚里士多德是古典希腊思维成就的总结者。在人类智慧史上，古希腊以“为求知而求知”的精神闻名于世，而其中的亚里士多德“三段论”“四因说”“四谓词”“十范畴”等学说更是凭借博大精深的思想和周密严谨的论述彪炳史册，如果不了解亚里士多德，就根本无法了解古代希腊人的智慧成果。德国18世纪末浪漫主义运动的先驱施莱格尔曾说：“一个人，天生不是一个柏拉图主义者，就是一个亚里士多德主义者。”迄今为止，还没有哪一位思想家的著作像亚里士多德那样，获得那么多的译注，他的思想与其说活在他的原文中，不如说活在他的译注中。他的著作被看作是古代的百科全书，他的思想曾经几乎统治过全欧洲。黑格尔说：“如果真有所谓人类导师的话，就应该认为亚里士多德是这样一个人。”

第 1 章

出身外邦

医生世家

公元前 384 年，亚里士多德出生于斯塔吉拉一个马其顿御医家庭。这一年，按古希腊的纪年法，是第 99 届奥林匹亚赛会的第一年。斯塔吉拉是古老的希腊殖民城市，位于卡尔西迪西半岛的东北角，面对斯特里蒙海湾，离爱琴海仅 3 英里。这里的居民大多来自南方的安德罗斯岛和优卑亚岛，一直有着希腊人的文化传统和民族精神。当时，斯塔吉拉已经处在马其顿的统治之下。

亚里士多德的父母都来自医生世家。母亲菲斯蒂斯是优卑亚岛的移民，她在优卑亚岛哈尔基斯的房产，日后成为亚里士多德晚年逃离雅典的最后避难所。父亲尼各马可是安德罗斯岛的移民，他曾是马其顿国王、亚历山大大帝的祖父阿明塔斯的御前医师。相传，尼各马可的祖先和职业可以追溯到医神阿斯克勒普的儿子玛卡翁。荷马史诗《伊利亚特》中多次提到阿斯克勒普的神奇医术，他是希腊神话中的医神，其雕像与宙斯极为相似，手里拄着一根被蛇环绕的拐杖。希腊人一般将医生说成是阿斯克勒普的后裔。当时医生这门职业是世袭的，只传给自己的儿子和宣誓受约束的生徒们，绝不传给其他任何人。亚里士多德的家族就是长期从事医生这门职业的。

作为王室御医的后代，亚里士多德的父亲希望儿子今后能继承自己的职业，因此从孩提时代起，亚里士多德就开始接受医学方面的教育和医务的基本训练。在早期所接受的医学教育中，除了以希波克拉底为主的医学教育外，德谟克利特的自然研究也是一个重要内容。据说，年轻的亚里士多德已经具备了行医的能力，后来他初到雅典时也曾有过行医的经历。在学习过程中，亚里士多德遇到很多有关生命奥妙的问题，这些知识引发了他对医学、解剖学、生物学以及整个自然科学的强烈兴趣，为他以后的学术研究奠定了良好的基础。从他关于动物学的著作中可以看出，如果没有受过严格的解剖训练，他是不可能作出那么精细的观察的。更为重要的是，亚里士多德幼年的所受到的医学熏陶和实践训练，使他养成了注重事实、尊重经验的品格和作风，这对他思想的形成和发展至关重要。

亚里士多德的父亲尼各马可也是当时著名的知识分子，社会交往非常广泛。在儿童时代和青少年时代，亚里士多德接受了基本的希腊化的教育，接触到当时雅典的各种主流学术著作，其中包括柏拉图、赫拉克利特的作品，这无疑启发了他早期的智慧，并为他后来求学于柏拉图提供了思想准备。据说，尼各马可和马其顿国王阿明塔斯的关系十分密切，他不仅是国王的医师，还是国王亲密的朋友和顾问。阿明塔斯是后来的腓力国王的父亲、亚历山大大帝的祖父。亚里士多德跟随尼各马可在马其顿宫廷中生活，曾与腓力王子一起玩耍。也许正是由于自小结下深厚友谊，所以腓力当上国王之后，才会聘请亚里士多德做他的儿子亚历山大的老师。

然而，这一切在阿明塔斯去世后发生了改变。公元前369年，阿明塔斯病故，王室成员之间展开了权势争斗，互相残杀。这场斗争历时十年，最后在公元前359年，阿明塔斯的第三个儿子腓力踩着叔侄的尸体，独揽大权。尼各马可不忍目睹宫廷的残酷争杀，又害怕卷入这场争斗，于是带着家人离开宫廷回到了故乡斯塔吉拉。不久，尼各马可夫妇俩相继撒手人寰，这时亚里士多德尚未成年，便由其姐姐和姐夫抚养。除了姐姐之外，亚里士多德还有一个弟弟，却不幸早年夭折。姐姐、姐夫对亚里士多德的教育十分关心。为了使亚里士多德更好地成长，在他17岁时（即前367），他们将他送到希腊的文明中心雅典去接受教育。对姐姐、姐夫的养育之恩，亚里士多德终生报以最高的敬意，姐姐和姐夫去世后，亚里士多德立像纪念他们，立他们的儿子尼加诺尔为自己的遗产继承人，并把自己的女儿嫁给尼加诺尔。亚里士多德担任当时还是王子的亚历山大的老师时，尼加诺尔一起接受他的教育，后来成为亚历山大大帝麾下的一名将军。

外邦人的孤寂

从公元前367年前往雅典师从柏拉图，一直到公元前322年逃离雅典在落寞中去世，这四十五年的时间内，亚里士多德几进几出雅典，却始终没有受到过雅典人真正的欢迎。作为一名外邦人，亚里士多德为辉煌璀璨的雅典文明所折服，他凭借自己的智慧和才能，成为柏拉图主义的最大继承者。然而与他的老师柏拉图相比，他在世时，却从未像柏拉图那样出名。柏拉图是雅典本土的思想家，是雅典城邦土生土长的正式公民，拥有相当的财产。这样的学者备受雅典人尊重，柏拉图总是从者如云，他的伟大众人皆知，他的名字家喻户晓，他的著作公开出版，并大都保留了下来。但是，亚里士多德却一直没有权利在雅典拥有财产，雅典人总是排斥他这个“外邦人”。对此，亚里士多德在一封信中写道：“在雅典有些事对于外国人是不相宜的。对雅典公民则不同。留在雅典是十分困难的。”他的作品命运多舛。由于在他生前没有得到公开出版，其手稿和抄本只在少数朋友中流传，很少有人看到，以致后来大量遗失，直到多年后才被重新发现，所以我们今天根本不可能窥见其全貌。

亚里士多德在雅典之所以不受欢迎，还有一个最根本的原因就是他和马其顿王室的关系。他的家族和马其顿王室世代相交，他自己又是亚历山大大帝的老师。亚里士多德生活在希腊城邦面临衰亡的时期，当时希腊各大城邦已经处于马其顿控制之下。在科林斯地峡举办的泛希腊大会上，腓力国王迫使与会城邦同意自己的盟主地位，从而可以随时从他们那里搜刮各种资源。可以想见，在这种情况下，希腊城邦，尤其是雅典，有多么痛恨马其顿，他们是马其顿最危险的反对者。因此，亚里士多德自然成了雅典人反马其顿情绪的牺牲品，他的命运也随着这股力量的消长而不断变化。此时，雅典内部出现了亲马其顿党和反马其顿党，前者以伊索克拉底为代表，后者以德谟斯提尼为代表。德谟斯提尼是古希腊卓越的雄辩政治家，是雅典后期民主派的重要首领，竭力主张维护雅典的民主宪法。他生命的主要章节是围绕反马其顿侵略活动而展开的：曾领导雅典进行近三十年的反马其顿侵略的斗争，还曾发表四篇题为“反对腓力”的演说，谴责腓力的扩张野心。

公元前 323 年，亚历山大大帝病逝，他所建立的庞大帝国立刻四分五裂。消息传至希腊后，以德谟斯提尼为首的反马其顿党人再次掀起反马其顿热潮，亚里士多德于是成为雅典人控告、仇视的对象，形势很是危急。亚里士多德感到危险将至，对他的老朋友，马其顿驻希腊总督安提帕特说："作为一外邦人，我与马其顿有过来往，无法再在雅典待下去了，不但工作不会安宁，生命也处在危险之中。"亚里士多德的预感是正确的，在雅典这样一个遭受马其顿蹂躏的地方，雅典人是不会轻易放过一个与马其顿王室有特殊关系的外邦人的，他甚至可能重蹈苏格拉底的覆辙。亚里士多德的师祖、柏拉图的老师苏格拉底因为倡导新的思想方法，要求人们关注自己的内心，被指控为"不敬神明"和"败坏青年"而判处死刑。他本来可以逃生的，但他却不肯苟且偷生，最终在狱中饮鸩而亡。这是雅典人对哲学的第一次犯罪。如今，这种命运又将降临到亚里士多德身上。

雅典人捣毁亚历山大的雕像后，便把发泄的目光投射到亚历山大的老师亚里士多德身上。他们给他安上"奉承僭主，不敬神明"的罪名，要求召开公民大会对他进行审判。亚里士多德说："我不会再给雅典人第二次反对哲学的机会了!"于是不等公开审理，亚里士多德便挥泪告别了自己一手创办的吕克昂学园，逃离雅典，回到母亲在哈尔基斯的住所。在生命的最后岁月里，亚里士多德为自己孤单冷清、离群索居而深感忧伤。公元前 322 年，62 岁的亚里士多德在孤寂中病故。就这样，希腊又失去了一位伟大的哲学家。曾经属于希腊智慧人格的光辉，随着希腊世界的衰落，变得黯淡下去了。此后的一千年中，黑暗笼罩了欧洲大地，全世界都在静等智慧哲学的再次出现。

命运多舛的著述流传

在古希腊哲学家中，亚里士多德的著作数量可能是最多的。西塞罗曾称赞亚里士多德的作品是“金色的河流”，这些作品大多已经佚失，现在流传下来的著作大约有四十七部，只占全部原始著作的四分之一左右。亚里士多德博大精深的思想都浓缩在这些著作中，其研究几乎覆盖了当时所有的知识领域，内容涉及社会学、文艺学、哲学、天文学、动物学、胚胎学、地理学、地质学、物理学、化学、解剖学、生理学等等，包括古希腊人已知的各个学科。有西方哲学家说，整个今天的西方哲学都不过是古希腊柏拉图和亚里士多德思想的注释。

然而亚里士多德的情况又与柏拉图非常不同。柏拉图在世时，他的学生们就把老师的学说整理、传抄和宣讲，柏拉图写成的所有重要著作几乎都完整地保存了下来。相比较，亚里士多德的著作则命运悲惨得多，在他生前基本没有自己整理和公开发表过任何著作。他早期在柏拉图学园时曾写过一些和柏拉图类似的“对话式著作”，但后来都已佚失了，而且就算是流传下来的少数著作，其真实性也经常受到质疑，且多有残损，章目不全，次第错乱。正是由于这种状况，亚里士多德的著作中有很多矛盾和混乱之处，以至我们现今的读者在阅读他的著作时会发现很多不尽合理的地方，甚至有些段落还不断地重复。

亚里士多德的作品在历史上曾数次遭遗失而又重新寻获，这其中有相当曲折的一段历史。当年，亚里士多德离开吕克昂学园逃离雅典时，他把全部著作连同藏书都交给了他的继承人泰奥弗拉斯特，泰奥弗拉斯特逝世前，将书稿托付给一位叫奈勒乌斯的同事保管，后来这些手稿和藏书又流入一些毫无学识的人手中，被束之高阁。还有一种说法是，奈勒乌斯的后裔们担心这些书稿被国王收缴，把它们埋藏在隐秘的地窖里。无论真相如何，这些书稿被遗忘了一百多年，直到泰奥弗拉斯特的后人几经寻找，才将其找到。由于长时间的埋藏，许多已破烂不堪了。来自提奥斯的哲学家阿培利柯买下了这些手稿，重新带回雅典，并试图加以修复，但同时也使得一些文字产生了错误。阿培利柯死后，罗马人开始了征服世界的行程。罗马统帅苏拉率军占领雅典后，他送回罗马的战利品中就有这批书稿。历经了两个世纪的颠沛流离、虫蛀霉烂，书稿已面目全非，再加上缺乏哲学常识的誊抄手的随意编排和添加文字，使得其错误迭出，内容次序和写作顺序也已无法辨别了。大约公元前 60 年，吕克昂学园的第十一任主持安德罗尼柯得到了书稿，他将这些书稿与学园中残存的、几经翻抄的讲义相校勘并重新加以编辑。安德罗尼柯在编辑这些著作时，没有依据手稿撰成的年月为顺序，而是以学术门类作为分类依据，把内容相近的篇章汇集成一组。篇幅短的叫作“论”，如《论灵魂》《论天》等；篇幅长的叫作“学”，如《物理学》《政治学》。连亚里士多德的代表作《形而上学》，也是由安德罗尼柯重新编纂而成的。可后来，连安德罗尼柯编定的亚里士多德著作也失散了，甚至连一份完整的目录也没有保留下来。

更为严重的是，伴随着罗马帝国的衰落，这些著作的命运再次跌入低谷，遭受了第二次的大量遗失。公元后的几个世纪里，罗马帝国战争频繁、社会腐败，希腊哲学的智慧之光几乎散尽。公元 391 年，罗马帝国宣布基督教为唯一合法的宗教，对希腊哲学加强了限制。公元 476 年，西罗马帝国灭亡，欧洲进入长时间的蛮族统治时期，希腊罗马古典文明被破坏殆尽。公元 529 年，东罗马帝国皇帝查士丁尼下令关闭所有非基督教学校，柏拉图学园和吕克昂学园也都被强行关闭。希腊哲学在西方失去了容身之地，亚里士多德的著作几乎不再为人所知。自此，古希腊哲学的后裔们携带着珍贵的文献逃往东方，亚里士多德学说的研究也从而转向了东方。

直到公元 12 世纪之后，随着东西方文化的交流，希腊哲学才又重新在欧洲传播开来。当西方在“黑暗的中世纪”徘徊时，东方阿拉伯世界的“百年翻译运动”掀起了翻译欧洲古典文明成果的高潮，几乎涵盖了希腊各个学科的重要著作，包括毕达哥拉斯、柏拉图、亚里士多德等众多伟大学者的著作。“是金子总会发亮的”，这些伟大思想在东西方的流转，再次印证了这个道理。通过阿拉伯哲学家法拉比、阿维纳森和阿威洛依，西方人重新见到了亚里士多德的著作。1204 年，十字军攻陷君士坦丁堡后，大量古希腊典籍和阿拉伯译本流回西方，极少数懂希腊文的学者根据希腊文原本翻译亚里士多德著作，或对原有译本加以校订修正。在这个世纪里，亚里士多德的拉丁译文著作在西欧各大学流行。不论此时人们对亚里士多德思想的态度是认同还是否定，最起码，亚里士多德思想又回到了久违的“故乡”——西方。随着 15 世纪印刷术在欧洲的兴起，许多拉丁译文的亚里士多德著作出版了。于是，一个知识渊博、思想深邃、内容庞大的亚里士多德哲学体系，愈来愈清晰地呈现在欧洲人面前。

逐步走向权威之路

亚里士多德的著作流传经历了曲折坎坷，终于拨云见日。

同样，亚里士多德本人和他的学说思想，在历史上也是几经起伏之后，才最终得到“西方文化的奠基石”的地位。这历程向我们展示了亚里士多德学说是如何一步步走向权威之路的。

亚里士多德在世时并未能像他的老师柏拉图那样，在希腊社会拥有学说方面的至高无上的地位，及至他去世，由于晚期希腊社会生活的重大变化，亚里士多德哲学在希腊罗马的影响还是远远不如柏拉图哲学。当时斯多葛学派和伊壁鸠鲁主义已成为流行思想，接着柏拉图学园发展成为新柏拉图学派，渐渐在哲学上占了统治地位。新柏拉图主义有意把古希腊各种思想熔于一炉，它们接管了所有的学术组织。此后，雅典再没有独立的亚里士多德学派或者说逍遥学派的独立阵地了。而且，新柏拉图主义的出现，标志着古希腊理性思辨精神的衰落，它对后来的基督教神学和中世纪的经院哲学产生过深远的影响。

不久，基督教逐渐掌控西方人的精神思想，一切都披上了宗教的外衣。在拉丁教父那里，亚里士多德遭受了不公正的待遇，他们对世俗希腊文化持敌对态度。他们对希腊文化的了解十分肤浅，很少研究第一手文献。他们大都直接攻击亚里士多德，因为亚里士多德的一些教条和原则违背了基督教教义。在他们看来，亚里士多德是无神论和道德败坏的源泉，是教会最大的敌人。当时的基督教是排他性很强的宗教，敌视科学研究，与“追求人的本性”的希腊哲学针锋相对，因此，希腊哲学再无用武之地，几乎所有的古希腊科学与哲学，都慢慢地被拉丁基督教世界的人们遗忘了。

在漫长的中世纪欧洲，宗教经院哲学占据了绝对的统治地位。经院哲学是为宗教神学服务的思辨哲学，往往争论一些脱离实际的、烦琐空洞的荒唐的问题。它的研究只允许在基督教教义的范围内，为信仰寻找合理的根据，它反对离开教义，依靠理性和实践去认识和研究现实。恰在此时，由于东西方文化的交流，拉丁基督教世界展开了一场规模宏大的翻译运动。亚里士多德思潮回来了！拉丁世界迅速掀起了研究亚里士多德学说的热潮，西欧刚刚形成的各大学成为传播亚里士多德学说的重要阵地。虽然大学里设有神学院，但学生必须学习一些世俗知识，因为中世纪早期广泛采用的“七艺”非常陈旧和狭窄，根本无法满足大学教育的需要。相比而言，亚里士多德学说内容新颖，观点先进，很快便成为大学教育的基本教材。

大学成为培育亚里士多德思想的温床，这在当时形成了冲击教会神学的强劲的新思潮，基督教会决定加以抵制。面对如此强劲的思潮，教会相继出台了各种政策，宣布禁止亚里士多德著作和思想的传播。1210 年，巴黎教区理事会决定严禁公开或私下阅读亚里士多德的自然哲学著作，违者将受到革除教籍的处罚。1215 年，经教皇特使批准的巴黎大学章程中也明文规定：禁止文学院教师传授亚里士多德的自然哲学与形而上学著作。1263 年，教皇乌尔班四世重申 1210 年的禁令。但是，至 13 世纪中叶，这些禁令似乎已成了一纸空文。1277 年，教会宣布全面禁令，对亚里士多德思想进行了全面的禁止。然而，“禁令”并不能扼杀亚里士多德的思想，也不能阻止亚里士多德学说的传播。基督教会不得不重新考虑采取何种策略既能接纳亚里士多德的哲学思想，又能维护基督教教义的地位。于是，寻求亚里士多德哲学为基督教神学服务的途径的任务，便落到托马斯·阿奎那肩上了。

托马斯·阿奎那号称“神学之王”，是意大利神学家和经院哲学家，曾先后充任亚历山大四世、乌尔班四世和克莱芒四世三位教皇的教廷神学教授，以及担任法王路易九世的顾问。他鼓吹教皇是上帝在人间的代表，位于世俗君主之上，封建等级的划分也是依照上帝的安排。他的神学著作被教会加以编辑，成为基督教神学的典范，权威仅次于《圣经》。1323 年，教皇册封阿奎那为圣徒，肯定“阿奎那著作的每一章节都包含无比的力量”，并授予他“天使博士”的头衔。阿奎那将亚里士多德的哲学与基督教思想混合，在混合的过程中，他抛弃了亚里士多德的科学原则，以免基督教思想与科学法则和观察法则产生冲突。在他的推动下，整个天主教都“亚里士多德化”了。此后，教会的任务就是保护阿奎那的亚里士多德主义，反对希腊文原有的亚里士多德的影响。而这种歪曲的解释，就使原来被教会排斥为异端邪说的亚里士多德哲学变成了教会的官方哲学，成为中世纪后期思想界的绝对权威，凡是违背它的都要遭受迫害。比如哥白尼、布鲁诺，他们都是因为捍卫“太阳中心说”，违背基督教维护的“地球中心说”，而遭到宗教裁判所迫害致死的。应当说，登上中世纪神学圣坛的亚里士多德是被基督教粉饰之后的虚假面目，是与原本的科学精神、理性思维的亚里士多德大相径庭的。

直到文艺复兴时期，这种由基督教诠解的亚里士多德学说，才逐渐褪尽粉饰，回归到本来面目。文艺复兴揭开了近代欧洲历史的序幕，它是一场思想文化运动，使包括柏拉图思想、亚里士多德思想在内的整个希腊文化得以复兴，并带来了科学与艺术的革命，哲学重新从神学的蔓藤中挣脱出来，人类变得越来越富有现实主义精神了。人文主义者充分利用希腊罗马文化的思想资源，吸取古典文化“自由、平等、民主”等人文观念以及科学求知精神，批判中世纪教会蒙昧主义、禁欲主义的说教，然而此时，被经院哲学家扭曲了的亚里士多德思想仍然是他们所面对的强大敌人。此时的亚里士多德仍遭受着不公平的批评，然而这些批评也促使其真正的价值被人们尽快还原。剥掉亚里士多德学说的神学外衣之后，人们不得不承认他在人类哲学和科学发展史上作出的巨大贡献。旧的亚里士多德虚幻的大厦坍塌了，新的亚里士多德理论的殿堂伫立了起来，召唤人们回到其伟大理论的本原世界去。有“文艺复兴第一人”之称的但丁，对亚里士多德十分欣赏，他的《神曲》中有三百多处取自亚里士多德的引文。在《地狱篇》中，但丁曾写道：“我抬眼望见全智的大师亚里士多德，他坐在诸生之中间，他们都对他尊敬，钦佩无比。我还看到离他最近的是苏格拉底和柏拉图。”

亚里士多德是古典希腊一切思维成就的总结者。黑格尔赞誉他是“历史上无与伦比的人物”，马克思说他是“古代最伟大的思想家”，恩格斯称他为古希腊“最博学的人物”。他完全无愧于这些评价，因为一部欧洲思想史就是对亚里士多德的诠释史，无人可以否认他作为西方文化奠基人的历史地位。

第 2 章

进入雅典：师从柏拉图

柏拉图学园的小马驹

亚里士多德告诉我们，一个科林斯农民偶然听到柏拉图的《高尔吉亚篇》，便“立即放弃了农场和葡萄园，把灵魂抵押给柏拉图，用柏拉图的哲学播种和培植它”。这个叙述很可能就是亚里士多德经过改编的自述。公元前 367 年，17 岁的亚里士多德抱着强烈的求知欲望，在姐姐、姐夫的资助下，来到了当时希腊的文明中心雅典，求学于名声远扬的柏拉图学园。亚里士多德在这里一待就是二十年，直到公元前 347 年柏拉图去世，他才离开学园离开雅典。亚里士多德是学园里最出色的学生，也是最难管理的学生，他经常为一些观点和柏拉图争辩得面红耳赤。因此，柏拉图送给他一个外号——“不听话的小马驹”。

当时的雅典处于马其顿的威胁之下，虽然已不再是希腊政治、经济方面的繁荣地区，但依然是全希腊的文化中心。它培养了一大批追求自由和幸福的思想巨匠，亚里士多德就是继柏拉图和苏格拉底之后产生的又一位伟大的思想家。这师徒三代是古希腊哲学的奇葩，写就了一段哲学史上的佳话。

柏拉图学园又叫阿卡德米学园，是一个自由思想的园地。在这里，学生可以自由地进行学术讨论，甚至是激烈的争辩。公元前 399 年，苏格拉底受审并被判死刑，柏拉图逃离雅典，流亡西西里岛、南意大利和埃及等地。公元前 387 年，柏拉图回到雅典。在朋友的帮助下，柏拉图在雅典西北郊外、古希腊英雄阿卡德穆斯的圣殿附近购置了一块土地，办起了学校，因此这个学园也被称作阿卡德米学园。这所学园历经沧桑，久盛不衰，直到公元 529 年东罗马帝国皇帝查士丁尼下令关闭为止，前后维持了九百一十六年之久。它在欧洲文化史上有着特殊的地位，是欧洲历史上第一所固定的学校，教授哲学、政治、法律等，对自然科学尤为重视，学园的大门上赫然写着“不懂几何学者不得入内”，众多有志青年都渴望来到这里进行深造。此外，它还有一个特别的功能——提供政治咨询，许多周边的城邦在建国、立法、组建政府时遇到麻烦都会来这里求助。

亚里士多德初入柏拉图学园时，曾在学生中引起一阵骚动，他的各种行为举止与学园庄重典雅的气氛格格不入，打扮入时，衣着华丽，手上戴着多枚戒指，留着时髦的短发，完全一副花花公子的做派。据说当时柏拉图从西西里岛访问，回来时发现学园招了这么一个花花公子，大为恼火。他对亚里士多德的装束颇为反感，时常告诫他：“一个追求真理的人不应该过分打扮。”然而亚里士多德依然我行我素，对仪表的讲究完全不妨碍他对真理的执着追求，他勤奋学习，博览群书，很快便崭露头角。这一点，连柏拉图本人也赞叹不已。当时，柏拉图已过花甲之年，苏格拉底大约也是在这个年纪时收柏拉图作为学生。现在，面对这样一个学生，柏拉图可能想起了他老师的教诲，在亚里士多德身上，他看到自己的生命的折射，因此非常钟爱亚里士多德。

柏拉图曾幽默地说，柏拉图学园由两部分组成：一部分是其他学生的身体，一部分是亚里士多德的头脑。柏拉图很赏识亚里士多德的才学，称誉他为“学园之精英”，并在他的住处题上“读书人之屋”，后来提升他为学园的教师，讲授修辞学。有一则记载描写了柏拉图对亚里士多德的重视：在柏拉图要开始讲演时，如果亚里士多德到了，他就说“开始讲课，听众到齐了”；如果亚里士多德缺席了，他会说“有才智的人没有来”或者“听众是聋的”。他把自己知道的一切都教给了亚里士多德。可是，柏拉图又说：“要给亚里士多德戴上缰绳。”意思显而易见，亚里士多德非常聪明，思维敏捷，不同于一般人，但如果不加以管教，就不可能成为他所期望的那种人。在柏拉图看来，亚里士多德就像小马驹一样桀骜不驯，喝足了奶水以后就乱踢乱咬它的母亲。

柏拉图学园二十年的求学生涯中，亚里士多德首先经历了十年的基础培养阶段，学习数学知识，包括算术、几何、天文学等。后十年里，他以教师身份做教学工作，并通过理论思维、概念原型等抽象思维方式的训练，接受严谨的修辞学和辩证法教育，到达了更高形式的哲学境界。他最早的著作是在这一时期写成的，作品多以对话体为形式，被认为是“柏拉图的模仿”，带有明显的柏拉图痕迹。无疑，柏拉图学园时期，不仅奠定了柏拉图和亚里士多德之间深厚的师生感情，而且更为重要的是奠定了亚里士多德学说理论和思想体系的基础。可以说，没有这一段的学习和经历，就不会有影响后世的那个大思想家亚里士多德。

与伊索克拉底论战

亚里士多德来到雅典时，雅典有两所著名的学校：一所是柏拉图创办的哲学学校，注重纯理论哲学和政治哲学；另一所是伊索克拉底创办的修辞学校，注重修辞学和政治学。这两所学校的教育方法不一样。柏拉图注重理论培养，他全部哲学的核心，就是想“使哲学家成为君主，或者使这个世界上的君主王公具有哲学的精神和力量”。伊索克拉底则偏重实用，向学生讲授修辞方法，训练论辩技术。

伊索克拉底是雅典城邦著名的演说家和修辞学家，他出身雅典富裕奴隶主家庭，是智者派普罗泰戈拉和高尔吉亚的学生，也向苏格拉底学习过。所谓“智者派”，是指公元前 5 世纪至公元前 4 世纪活跃在古希腊各邦的一批职业教师、演说家、作家。智者派对自然哲学持怀疑态度，认为世界上没有绝对不变的真理。他们的教育活动对当时的民主政治起了很大的促进作用，同时对传播文化、加强交流以及培养年轻人的思维能力也有重要的意义。这种与国家政治生活密切相关的雄辩教育对后来的古罗马教育以及今天某些西方国家的政治、教育等都有深刻影响。但是，这个学派的言论曾遭到苏格拉底、柏拉图的强烈抨击。伊索克拉底学校教授有深刻现实意义的内容，学生必须在三四年的课业修习中研究各种项目，做大量实践练习。在伊索克拉底的指导下，许多学生成为演说家、政治家。全希腊的重大演讲比赛中，他的学生多次获胜。最初，学生大多是雅典本地人，但由于伊索克拉底的教学切合社会和学生的实际需要，教学成绩斐然，很快赢得了声誉，希腊各地乃至东方国家的青年纷至沓来。伊索克拉底学校和柏拉图学园同处一城，教育方法、教育理念的不同，最终导致了彼此学术上不可调和的矛盾。

两个学校互相竞争，又互相攻讦，终于演变成公元前 360 年那场著名的论战。论战始于亚里士多德撰写的关于修辞学的对话录《格里努斯》。亚里士多德长于口才，头脑清晰，思维敏捷，机智锋利，妙趣横生，极富说服力。在《格里努斯》中，他从修辞学的角度向伊索克拉底的观点提出挑战，指出修辞学重点应在用合理严格的推证指导理智，而不能仅仅单纯依靠情感影响读者。对此，伊索克拉底的学生塞斐托罗斯写了长文批驳，指责柏拉图的阿卡德米学园和亚里士多德崇尚虚谈，徒托空言，对法律和政治毫无益处，把时间都浪费在收集格言上。伊索克拉底本人也轻言亚里士多德徒有其表，他蔑视各种思辨哲学，告诫年轻人不要让心智因一些空洞的、难以捉摸的东西而陷于枯竭，也不要受古代诡辩家的束缚，他们的那些奇谈怪想，和魔术师戏法差不多，对任何人都没有好处；他认为凡是想有点作为的人，必须完全排除一切空洞的思辨，排除一切和生活无关的活动。

继而，亚里士多德在另一篇文章《劝勉篇》中捍卫了阿卡德米学园的思想，有力地批驳了加在他们头上的各种指责，抨击伊索克拉底学校过分注重实用观念，在理论上思想贫乏，强词夺理，以唇舌争一时之胜负，难登学术大雅之堂。对此，伊索克拉底在其《回答》中作了答复。其后，两派纷纷撰写文章，发表演说，支持自己的观点。论战的最终结果是，亚里士多德占据了上风，从而为柏拉图学园争得了荣誉，他本人也受到广大同学的推崇。虽然亚里士多德和伊索克拉底的意见不合，但是，亚里士多德对伊索克拉底的文体仍是推崇备至，赞赏不已。后来，亚里士多德在他的著作《修辞学》中，曾大量引用伊索克拉底的文句作为引证，将其修辞炼句的文法作为一项专业训练推荐给读者。

还有一件事情同样可以让我们从侧面了解到亚里士多德与伊索克拉底的论战完全出于学术上的分歧，没有其他方面的因素。亚里士多德的《政治学》中有一句经典名言："人是天生的政治动物。"想要理解这句话，就必须熟悉它的时代背景——亚里士多德生活的时代，希腊各大城邦已处于马其顿的控制之下了，每一个人的命运，无论是作为马其顿王室御医后代的亚里士多德，还是雅典内部的亲马其顿派代表伊索克拉底，或是反马其顿派代表德谟斯提尼，似乎都和希腊、马其顿的起起伏伏紧密地联系在一起。从伊索克拉底有名的演说词《全希腊盛会献词》《泛雅典娜节献词》中，我们能够看到，伊索克拉底具有强烈的爱国主义精神，他不断称颂希腊人，尤其雅典人的光荣历史，希望希腊成为一个强大的统一国家。因此，他主张联合马其顿，依靠马其顿，把相互厮杀、自我消耗的希腊城邦团结起来，一致对外，把矛头指向东方。他的口号是："把希腊的战争带到亚洲去，把亚洲的幸福带回希腊来。"并且他终身为这一政治理想而奋斗。

从亚里士多德的角度而言，作为外邦人，他始终游离于正统的雅典公民生活之外，又因为马其顿王室御医后代的身份，他时常遭受到以德谟斯提尼为代表的反马其顿派的攻击。如果亚里士多德是为己谋利的人，那么他肯定会站在亲马其顿派一边，与他们密切来往，以寻求在雅典的庇护。但事实并非如此，亚里士多德还与伊索克拉底进行论战，言辞激烈，并最终挫败了伊索克拉底。虽然亚里士多德多次被卷入政治斗争，但实际上，对于政治斗争，亚里士多德并不关心，人们从未发现他有什么政治倾向，后来也从未发现什么证据表明他与马其顿宫廷有来往，在他的著作中也找不到具体的亲马其顿的言论。由此，一位献身学术、高风亮节的伟人形象赫然矗立在我们面前。

吾爱吾师，吾更爱真理

文艺复兴时期意大利杰出画家拉斐尔在为梵蒂冈宫绘制的大型壁画《雅典学院》中，把古希腊以来的五十多位著名哲学家和思想家聚于一堂，包括苏格拉底、柏拉图、亚里士多德、毕达哥拉斯等，歌颂人类对智慧和真理的追求，赞美人类的创造力。画面中心的人物是柏拉图和他的门徒亚里士多德，柏拉图手指向天，象征他认为美德来自于智慧的“形式”世界，而亚里士多德则手指向地，象征他认为知识是透过经验观察所获得的概念。这种思想方法的不同，把亚里士多德与柏拉图区别开来，展示了他们不同的哲学观点。柏拉图是西方思想中“刚性哲学”的代表，是理想主义思想的典型，而亚里士多德是所谓“柔性哲学”的鼻祖，是现实主义思想的大师。

柏拉图是哲学王国的天才，亚里士多德也是哲学王国的天才，卓绝的大师与高明的弟子因为灵魂间的高度吸引，撞击在了一起。这两颗智慧的火花，流连徜徉于哲学园地。但是，亚里士多德终其一生都被不可遏止的求知欲望支配着，他从不盲目崇拜，在很多问题上都有着自己独立的思考和见解，常常对老师的观点提出异议。他曾说过这样一句话：“吾爱吾师，吾更爱真理。”

亚里士多德在柏拉图学园生活了二十年，师生间结下了深厚情谊，亚里士多德对于柏拉图十分钦佩与景仰。据说，柏拉图在传授灵魂的知识时，都要提及他的老师苏格拉底泰然赴死的故事，言词庄重且激动人心。刚开始的时候座无虚席，但讲的次数太多，听众也就没有耐心了，最后只有亚里士多德一人还端坐于座位，认真聆听老师的演讲。柏拉图去世时，亚里士多德写了一首情真意切的挽歌，表达对亡师的悼念：

他来到凯克洛匹亚神圣的土地，
怀着一颗虔敬的心筑起庄严的祭坛，
献给一个纯洁无瑕的人，
献给他那崇高的友谊。
在众人之中他是唯一的也是最初，
在自己的生活中，
在自己的作品里，
清楚而又明显地指出：
唯有善良才是幸福。
这样的人啊，
如今已无处寻觅！

我国学界已故的、有“亚里士多德著作翻译第一人”之称的吴寿彭先生对此诗作了如下解释：柏拉图第一个通过自己的生活和文章，清楚地证明了一个人可以同时是善良的，又是幸福的；柏拉图的崇高和伟大，使得坏人无权称颂；像他那样的人，如今再也无处寻觅了。

但对老师的尊重和深挚的感情并没有左右亚里士多德对老师观点的质疑。亚里士多德并不是彻头彻尾的柏拉图主义者。在学园里，他经常和柏拉图争论得面红耳赤，有时候甚至会把老师问得答不上来。柏拉图思想的主体是“理念论”，他宣称理念是一切形式的本质原型，是至善作为的体现；并且理念无法由肉体窥见，只能由灵魂自发自觉的作用进行观察，肉体的快乐是一种无限度精神，是致使肉体追求欲望而堕落的主要原因；人应该追求尽善尽美的东西，为了这个尽善尽美的境界应该放弃一切暂时的、世俗的幸福。

亚里士多德不同意柏拉图“理念论”的唯心观点，他提出这样的问题：树就是树，由种子长成，结出果实。离开实实在在的树，仅仅是头脑中的树的概念又有什么意义？他认为，客观存在的物质世界是永恒的，不是靠观念产生的；是先有了现实生活中的各种三角形状的东西，然后人们头脑中才有三角形的观念。他还认为人确实要追求不朽，但这并不意味着要放弃现实的幸福：有人追求科学，能在研究中体验到幸福；有人喜欢音乐，能在旋律中感受到幸福；有人勤于耕耘，能在收获中体味到幸福。当亚里士多德站出来，对老师提出异议时，引起了许多同学的围攻，他们认为亚里士多德大逆不道，竟敢背叛师训。当时，柏拉图的学说已被社会广泛接受，是社会舆论的权威，批判老师的学说无疑要冒很大的风险。学生们对亚里士多德的谩骂和围攻，就已经证明了这一点，他们甚至要柏拉图开除亚里士多德。但柏拉图认为亚里士多德需要更多的是“缰绳”，他还希望亚里士多德放弃自己的观点，规劝亚里士多德和他站在同一个哲学立场上。实际上，不管亚里士多德如何尖锐地批判柏拉图，两人的哲学其实是殊途同归的，漫步学派成员及亚里士多德的其他支持者都认为亚里士多德是柏拉图思想的真正同盟者。新柏拉图主义者也指出柏拉图哲学与亚里士多德哲学是可以统一的，并把亚里士多德哲学当作柏拉图哲学的入门。黑格尔说：“事实上，柏拉图却是得到亚里士多德为他的继承者，因为亚里士多德是以柏拉图的意义理解哲学的，不过亚里士多德的哲学是更深刻、更完善的——因之也就是同时把它推进了一步。”

从很多方面来看，亚里士多德超过了柏拉图：他钻研博物学，搜集植物、岩石和动物标本，研究经济蓝图的实际运作。他还力图摆脱柏拉图浓郁的诗歌气息，摈弃矫揉造作的文风，努力找出所有学科的朴素原理。与柏拉图优美典雅的文体形成对比，亚里士多德留存的作品大部分言简意赅、论证严密，但也有莫名其妙的转折、枯燥乏味的重复和漫不经心的引喻。他推崇质朴无华，曾写道：“在各种讲授形式中，不需要过多地注意语言。因为我们是以这种方式讲述、还是以那种方式讲述，对于把事情说清楚而言会产生差别，但不会产生很大的差别。”亚里士多德完全能够写出漂亮的文章，他的文体曾受到一些古代评论家的称赞，他著作的某些部分写得极为精彩甚至带有炫耀的色彩，但亚里士多德始终觉得，对于科学来说，华丽的辞藻毫不中用，优美的语言于事无补。

作为一位思想巨匠、一位勇敢反叛者，亚里士多德最终还是坚守着自己探索真理的精神。我们很难相信这样的坚定意志会出现在两千年前的古人那里，即使时至今日，他那句至理名言“吾爱吾师，吾更爱真理”还一直激励着我们在科学研究的道路上不停地前行。

未能传承衣钵

在阿卡德米学园继承人一事上，亚里士多德作为柏拉图最钟爱的学生，却没有得到这一殊荣，没有能够继续传承老师的衣钵，最后是由柏拉图姐姐波托妮的儿子、哲学家斯彪西波继承了整个学园。一些学者猜测，这是因为柏拉图认为斯彪西波能够更好地继承他的思想，而亚里士多德对自己理论的反对将是不可避免的。柏拉图对亚里士多德的赏识，前面已经详细叙述过，按亚里士多德的才华和学问来说，做阿卡德米的继承人是当之无愧的，柏拉图原来也有这种考虑。但是，彼此学术观点的分歧，使柏拉图对继承人的人选有了迟疑。对此，柏拉图的认识还是非常清楚的，他经常说亚里士多德是“吃足了奶就会踢它的母亲的小马驹”。我们在亚里士多德的著作《形而上学》中，也能够看出他对柏拉图思想的批判几乎贯穿全文。在第一篇中，亚里士多德以“我们的”口吻进行批判，也就是说他还把自己当成是柏拉图学派的一员；可到了第十三篇，他却口口声声说“他们”，这就是说此时他已站在柏拉图学派的对立面上了。所以，为了把自己的思想流传下去，柏拉图是不会让亚里士多德继任学园主持人的。除此之外，我们找不到更为合适的理由，也许真正的顾忌，只有柏拉图本人知道。

在正式确定继承人之前，柏拉图对亚里士多德进行了多次考核，看他是否接受了自己哲学思想的真传。可是，出乎柏拉图意料，在考核亚里士多德对“理念论”掌握得如何时，亚里士多德继续对这种理论提出大胆的批判。那时，亚里士多德的同学和朋友对他的这种行为都不理解，他们认为亚里士多德如果继续取得老师的欢心，就可以做老师的继承人，这是其他人求之不得的事情。他们劝说亚里士多德，老师怎么讲就怎么接受，何必要坚持自己的观点，这样反而得不到一点好处。亚里士多德坚定地回答：“我是尊敬老师的，我尊敬老师并不是为了求名谋利，而是为了追求真理。”

斯彪西波和亚里士多德不同，他与老师的思想相一致，丝毫没有怀疑和批判。结果可想而知，柏拉图认为只有斯彪西波才能将自己的哲学思想传承下去，因此理所当然地选择了他担任学园的继承人。

另外还有观点认为，柏拉图以斯彪西波为继任者的主要原因，是因为斯彪西波是他的侄子，他想将财产保留在自己家人手中。若将雅典公民的财产交到亚里士多德这位非雅典公民手中，在法律上是有困难的。无论出于何种原因，公元前 347 年，80 岁高龄的柏拉图临终时，指定斯彪西波为学园继承人，掌管学园的一切事务。

亚里士多德结束了在柏拉图学园二十年的求学生活，离开学园，离开雅典。尽管斯彪西波竭力挽留，但亚里士多德去意已决，与同学克赛诺克拉提东渡小亚细亚，回到希腊哲学的发源地。设想一下，如若亚里士多德继承了柏拉图学园，兢兢业业地捍卫着柏拉图的思想学说，也就不会有那么辉煌的亚里士多德思想了。所以说，祸福相倚，正是他离开学园，离开雅典，走入更广阔的天地，才有机会一次次地把他所学的理论知识运用到实践中。他那卷帙浩繁的动物学著作，若不是在小亚细亚一带进行了较为广泛的海生动物考察，也是不可能诞生的。

第 3 章

出走雅典：著名大帝的老师

移居小亚细亚

公元前 347 年，柏拉图去世，斯彪西波继管学园，亚里士多德与同学克赛诺克拉提离开雅典，接受小亚细亚阿塔内斯统治者赫尔米亚的邀请，来到了小亚细亚。赫尔米亚出身奴隶，做过内廷侍从，后来经营采矿，成为富豪。当时小亚细亚一带都在波斯帝国的控制之下，赫尔米亚以大量钱财贿赂波斯人，取得了阿塔内斯统治者的政治地位。执政之后，赫尔米亚与波斯毁盟，又和马其顿王国联手，期望在小亚细亚大展宏图，腓力国王任命他为马其顿行省的将军。

赫尔米亚是亚里士多德的朋友，曾经在柏拉图学园学习过，对柏拉图“或者哲学家为王，或者王者成为哲学家”的理想很是向往。上台伊始，他便招募贤能，希望把阿塔内斯建设成为哲学家的乐园。在亚里士多德和克赛诺克拉提之前，柏拉图已经有两名学生厄拉斯图和科里司库，应邀来到阿塔内斯，帮助赫尔米亚改革政治制定法律——这是柏拉图经常派遣学园门徒去各城邦担负的任务。柏拉图在写给赫尔米亚的信中说，厄拉斯图和科里司库有高尚的智慧，他们虽然没有见过赫尔米亚本人，但知道他有丰富的实践经验和出众的才能，十分乐意去他那里。柏拉图教导他们，一定要看到这种相得益彰的优势，应该将友谊的纽带牢固坚守下去，绝不能有所松懈。

亚里士多德和克赛诺克拉提的到来受到赫尔米亚的热烈欢迎，赫尔米亚为四人建立了类似雅典学园那样的研究和讲学的场所，并提供一切必需品，让他们潜心讨论哲学。曾经有一段时间，阿塔内斯成为仅次于雅典的哲学胜地，甚至取代了柏拉图逝世以后的柏拉图学园。赫尔米亚亲自过问哲学研究，经常和亚里士多德等人一起讨论关于“至善、正义、存在、形式”等方面的哲学问题。赫尔米亚和亚里士多德的关系很好，他把自己的侄女（亦有说是其养女）皮提娅斯嫁给了亚里士多德。这次婚姻给亚里士多德带来一笔可观的嫁资。婚后不久，他们便生下了一个女儿，取了一个和母亲皮提娅斯同样的名字。亚里士多德临终前把女儿许配给他姐姐的儿子尼加诺尔。这个妻子早年去世，亚里士多德又和一位名叫赫比丽丝的女子结婚，生有一个儿子，取名尼各马可，和他的祖父同名。

亚里士多德在阿塔内斯只住了三年，就因为政治剧变而终止。波斯国王阿塔泽尔斯派军队侵入阿塔内斯，赫尔米亚被俘，押解到波斯，受到严刑拷打，最后钉死在十字架上。他死前捎口信给亚里士多德，表达他的敬意，说：“请告诉我的朋友和同事们，我没有做任何为哲学所不齿的事。”后来亚里士多德为了纪念他，在德尔斐神庙为他树立雕像并撰写挽词。从挽词中我们得知，赫尔米亚是被奸计和叛逆所害，才落入波斯人之手的，后来当雅典城内反马其顿派驱逐亚里士多德时，指责他的罪名中就有一条，说亚里士多德在这首挽词中将坏人赫尔米亚和希腊的英雄赫拉克勒、阿喀琉斯等并列，犯了渎神罪。

亚里士多德带着家人逃到米底勒尼。在这里，他结识了此后共同合作、形影不离后来成了他的学园继承人的泰奥弗拉斯特。泰奥弗拉斯特大概生于公元前 370 年，比亚里士多德小十四岁。亚里士多德研究者中一些最激进的人甚至认为，现存的亚里士多德著作多数出自泰奥弗拉斯特之手。这个时期，亚里士多德充分利用沿海礁岛林立的地理条件，为自己的博物学积累了丰富的资料。在泰奥弗拉斯特的协助下，亚里士多德对这一带的海生动物进行了广泛的实地调研考察，他在其动物学著作里经常提到这一带的地名，特别是一处名为“普拉”的珊瑚礁地带。这种状况一直持续到公元前 343 年，亚里士多德应邀来到马其顿，成了当时还是王子的亚历山大大帝的私人老师。

崛起的马其顿王国

在希腊世界经历希波战争和伯罗奔尼撒战争，开始衰弱的时候，在它北部，一个名叫马其顿的国家慢慢地崛起，并给希腊的城邦生活带来了致命性的打击。马其顿由上马其顿、下马其顿两地区组成，原是个贫瘠落后、默默无闻的国家，一直遭到正统希腊人的轻视和排挤，被称为“野蛮人”。

腓力是上马其顿国王阿明塔斯的小儿子，他在底比斯当了三年人质回到马其顿后，发现自己曾经的王国上马其顿已经被下马其顿吞并了。无家可归的他招兵买马，向下马其顿王宣战。公元前 4 世纪中期，腓力统一了马其顿。腓力执政后，马其顿迅速崛起。他在位期间，借鉴了希腊的先进经验，实施了多项富国强兵的改革：加强王权，限制贵族议会的权力；推行币制改革；设立由国王直接指挥的常备军，并在底比斯军队阵形的基础上，创立了以长矛盾牌为主要兵器、攻防兼备的“马其顿方阵”，这个方阵由厚达二十排的重装步兵构成，兵士配备长两米的长矛，轻装步兵和骑兵则捍卫在方阵两旁，使这些不同的兵种以优良的战术装备结合起来，临阵时以排山倒海之势压向敌军，势不可当。马其顿军队的战斗力超过了希腊城邦的军队。为了准备进军东方各国，腓力还建立一支强大的舰队。内部整顿完毕后，腓力利用希腊城邦彼此倾轧相互削弱的机会向希腊扩张。以雅典为主的城邦组成了反马其顿同盟。公元前 338 年，两军会战于中希腊。在著名的喀罗尼亚战役中，马其顿大败希腊联军。马其顿大军基本实现了对希腊的征服。第二年（前 337），腓力在科林斯召开全希腊会议，会议约定成立马其顿—希腊永久性同盟，盟主是马其顿。所有这一切熄灭了希腊人一向高举着的自由火炬，科林斯会议标志着希腊城邦时代的结束。

公元前 336 年夏天，马其顿王国正在举行腓力女儿盛大的结婚典礼。喜气洋洋、身穿节日白袍的腓力在一群喜庆的宾客簇拥下走进礼堂。然而当腓力通过礼堂入口时，一名卫兵打扮的人突然拔出短剑往腓力胸前奋力刺去，腓力未来得及躲闪，转瞬间就倒在了血泊之中。腓力在位的二十多年间，马其顿由一个内乱不止的小国崛起为希腊诸城邦的首领，并在军事、经济等方面累积了巨大的潜力，为亚历山大的大征服准备好了充分条件。

腓力遇刺后，马其顿宫廷的骚乱与希腊起义并起，腓力的儿子亚历山大迅速平定了马其顿贵族的谋叛，巩固了王位。这位年轻的君王就是后来历史上赫赫有名的亚历山大大帝，是著名的军事家和政治家。他足智多谋，即位后，施展其雄才大略，东征西讨，先是确立了其在全希腊的统治地位，后又灭亡了波斯帝国，在横跨欧、亚、非三大洲的辽阔土地上建立起一个庞大帝国，创下了前无古人的辉煌业绩。据说，在东征临出发前，亚历山大把自己所有的地产收入、奴隶和畜群全部分赠他人。当时有将领迷惑不解地问道："您把所有的东西分光，把什么留给自己呢?""希望!"亚历山大干脆利落地答道，"我把希望留给自己！它将给我带来无穷的财富!"就这样，亚历山大怀着对无穷的财富的渴望，离开故土，踏上了千里迢迢的征程。

亚历山大的东征，无疑给当地人民造成了深重灾难，但客观上，东征也促进了希腊与亚非诸国的经济和文化交流。东方的城市出现了优美的希腊式雕塑和建筑，东方的天文学和数学知识也得以传入西方，从而丰富了西方的知识宝库。亚历山大的东征，还开辟了东西方贸易的通路，他在东方建立的几十座城市逐渐发展成为商业中心。亚历山大鼓励波斯人和希腊人相互通婚，并倡导各民族地位平等，他将希腊的思想律法散布于各地，开创了历史上有名的"希腊化时代"。此时在马其顿大军的背后，已经是一个西起希腊、马其顿，东至印度河流域，南临尼罗河第一瀑布，北界多瑙河与锡尔河的当时世界上最大的帝国了。

公元前 323 年，一切都戛然而止了，年仅 33 岁的亚历山大因患恶性疟疾在巴比伦病逝。由于死亡突然降临，亚历山大未能明确指明接班人，导致王权争夺激烈，他的部将为争夺地盘互相混战，横跨欧、亚、非三大洲的马其顿帝国迅速瓦解。公元前 168 年，罗马军团击溃了马其顿方阵，马其顿王国被罗马分解为四个行省，让马其顿人骄傲的古代马其顿的历史也就此结束。

亚历山大大帝的老师

公元前343年，亚里士多德接到幼时玩伴、当时的马其顿国王腓力的来信，邀请他担任13岁的王子亚历山大的老师。这封信言辞恳切、感情真挚，其中写道："我有一个儿子，我感谢神灵赐我此子，但我更要感谢让他出生于你的时代。我希望你的关怀和智慧，将使他配得上我，并无负于他未来的责任和马其顿王国的祖先。"于是，亚里士多德离开了米底勒尼，前往马其顿，成为亚历山大的老师。亚里士多德担任亚历山大的老师大约有八年时间。在亚历山大16岁时，腓力赴外作战，指定亚历山大摄政，因此他的学业时有中断。

亚里士多德应邀来到王宫，泰奥弗拉斯特一同前往。这时的马其顿如日中天，威名远扬，但依然是一片文明的荒地。即便是国王腓力本人，在雅典人看来，也近乎半野蛮状态。腓力的话有许多语法错误，一次，他想说"我不是一个野蛮的人"，却说成"我并非不是一个野蛮人"。他希望亚亚历山大经里士多德指导后，会铸就哲学家的智慧、国王的品格和英雄的胆识气魄。可以想见，亚里士多德的到来，对马其顿人而言，具有多么重大的意义。此时，亚里士多德正值人生鼎盛时期，智力处于最成熟、最强势的阶段。马其顿人把他和后来的亚历山大大帝都看作本民族的骄傲。13岁的亚历山大就像一头未经驯化的小狮子，亚里士多德用他全部的真诚进行培养和塑造，是君主教育较为成功的范例。这不由得使人想到柏拉图和狄奥尼修二世的关系。柏拉图曾主动前往叙拉古，想做狄奥尼修二世的老师，意图把他培养成哲学王，然而努力付诸东流，柏拉图失意而归。亚里士多德的目标则是把学生的“理性”人格培养和发展起来。接受“理性原则”有两种方式：一种是被动地服从，另一种是主动地服从。他认为，一个积极向上的人，特别是君主，就应该主动地服从理性的指示。理性的生活是有为的、激情的生活。这也是亚里士多德教导亚历山大的重要方针之一。

亚里士多德以雅典的教育为纲，广泛搜集城邦政制资料，编写适合施教的教材，讲授治国之道，讲授哲学、伦理学、文艺学、生物学、历史学、物理学等内容。在他的悉心教导下，聪明的亚历山大大有长进，不仅接受了良好的希腊文化教育，与父亲腓力的关系也有所改善，并逐步收敛了暴躁的脾气。据说，亚里士多德改编了一部分《荷马史诗》，让亚历山大向英雄学习，亚历山大尤其对阿喀琉斯的事迹着迷。在现存的亚里士多德著作篇目中，《论君主》和《亚历山大或海外殖民》一般被认为是他给未来的君主编写的教材。亚历山大也没有辜负老师的期望，亚里士多德的“理性”原则慢慢地被他所领悟。尽管粗浅地看，亚历山大大帝只善于征战，不懂得建立恒久的国家，然而，即使他的国家瓦解了，希腊化的伟大成就却深远地保留了下来。要不是他，整个希腊文明的传统很可能早已消亡了。亚历山大的思想必然受到了亚里士多德很深的影响，他曾和亚里士多德开玩笑说：“你是想把我这个马其顿人改造成雅典人。”

但是亚里士多德究竟在多大程度上影响了亚历山大还是一个很难回答的问题。亚历山大身为王子，与生俱来的骄纵、傲慢和对一切不屑的态度令亚里士多德很伤脑筋，虽然亚里士多德坚持以“理性”教导亚历山大，但宫廷却不是一个适于哲学思考的地方，“理性”与宫廷紧张、争斗、暴戾的气氛格格不入。亚历山大的母亲奥林匹娅斯多疑善妒、喜怒无常，亚历山大和父亲腓力的关系也非常紧张。在一次宫廷宴会上，亚历山大竟然公开侮辱他的父亲，惹得父子俩拔剑相向，诸如此类的事情接连不断。此时的腓力正逐步实现征服世界的梦想，希腊把各大城邦囊括在他的实权范围之内。亚历山大看到父亲的成功，跃跃欲试，想用版图和权势来衡量老师所教导的“有为的理性”。

古希腊传记作家普鲁塔克记载道：“亚里士多德对这位未来的世界领袖灌输了道德、政治以及哲学的教育。我们也有理由相信，亚里士多德运用了自己的影响力，对亚历山大大帝的思想形成起了重要的作用。正是在亚里士多德的影响下，亚历山大大帝始终对科学事业十分关心，对知识十分尊重。但是，亚里士多德和亚历山大大帝的政治观点或许并不是完全相同的。前者的政治观是建筑在即将衰亡的希腊城邦的基础上的，而亚历山大大帝后来建立的中央集权帝国对希腊人来说无异于野蛮人的发明。”对于普鲁塔克的观点，罗素持有截然不同的看法，他认为在亚历山大大帝年轻黩武的身上几乎看不到哲学的影响。他说：“那些对这两个人都崇拜的人们，就想象着老师影响了学生……至于亚里士多德对于他的影响，则我们尽可以任意地猜想成为我们觉得是最合情理的东西。至于我，则更愿意想象它等于零。亚历山大是一个野心勃勃而又热情冲动的孩子，和他父亲的关系处得很坏，并且大概是不肯受教育的。亚里士多德教导说，每个国家的公民都不应该达到十万人，并且还宣扬中庸之道的学说。我不能想象他的学生除了把他看成是他父亲为了使他不致胡闹而安置来看管他的一位没趣味的老迂腐之外，还能把他看成是什么别的。”

亚里士多德教导亚历山大三年。亚历山大16岁时随父亲征战，亚里士多德并没有跟随东征。他不赞同通过战争扩充版图壮大事业，也无法阻拦国王的行动。他向亚历山大辞行，请求回到家乡斯塔吉拉继续进行研究。作为答谢，亚历山大重建了在战争中被夷为平地的斯塔吉拉。亚历山大到战场上去收拾混乱的世界，亚里士多德回到了书斋去整理精神世界的秩序，两位伟人虽然分手，却仍然保持着书信联系。

亚历山大的确在亚里士多德身上学到了很多东西，除了道德和人文学说，还学习了特别深奥秘传的学问。当他在东征亚细亚时期听说亚里士多德将这些学说公开时，他写信给亚里士多德："亚历山大向亚里士多德致意，您将这些深奥的学说公开并不好，因为那是您秘密传授给我们的；如果向大众公开了，我们如何能胜过别人呢？要知道我宁愿在知识上而不是在权力上胜过别人。"亚里士多德幽默地回答："这些著作公开了却还没有公开。因为所有被称为'形而上学'的著作，对除了亚里士多德和他的学生们外的任何人都不明白它是有用的工具，不管是由他自己去寻求理解或是由别人教他。"亚里士多德在一封信中说："确实，无论出于妒忌抑或其他的原因，在亚历山大王子身上总出现着一股罕见的神情……他对知识的渴求是惊人的，常常要向我表示小看他是毫无根据的……我敢断言，他将是比任何英雄都伟大的人物，而且比他们做的都要好。"对于这个学生，亚里士多德尽心尽力地传授他自己的一切知识成果。

残酷的杀戮，使得亚历山大常常忘记老师"理性"的教诲，但有一点我们不能忽视，那就是亚历山大对于雅典文明确实怀有一种敬意，这点是整个马其顿王朝所共有的，他们都希望能证明自己并不是野蛮人。亚历山大从亚里士多德那里获得的最大的益处，便是对读书产生了常人难以想象的欲望。他曾说道："送我一些读物吧，身在人群当中，我没有志同道合的伙伴，只有孤独的思想。"他还经常派人到征服地收集未经发表或失传的作品，并把其中一部分书籍送往亚里士多德那里，为他的研究增添重要的素材。亚历山大夺取东方后，他在征服地采用的统治方式基本是成功的，也是有益的，使得先进的文化发扬到新的大陆上，并最终确立了一条传播的途径。他播下的希腊哲学的种子使得整个亚洲充满生机，挡住了波澜汹涌的饥荒浪潮，改写了东方世界的版图。

公元前 336 年，腓力遇刺身亡，亚历山大继承王位。雄心勃勃的亚历山大大帝看准时机，率兵南下，一举平定了希腊半岛，整个希腊臣服于马其顿。局势稳定后，公元前 335 年，亚里士多德回到阔别十二年的雅典，办起了吕克昂学园。亚历山大大帝慷慨地赠予他一笔经费，用于教学研究和讲学论道。

莫须有罪名

亚里士多德死于公元前 322 年，也就是亚历山大大帝去世后的第二年。亚里士多德的死，与亚历山大大帝密切相关：虽然亚里士多德外邦人的身份已使得他在雅典人中间不受欢迎，但更重要的原因还是他和亚历山大之间的师生关系。如果不是"亚历山大的老师"的身份，亚里士多德还可能继续在学术研究的道路上奋进，也许会像他的老师柏拉图那样，为追求真理坚持到八十多岁。从亚里士多德的日常事务来看，他既没有"奉承僭主"的表现，也没有"不敬神明"的迹象。可以说，雅典人给亚里士多德定的"奉承僭主，不敬神明"的罪名是毫无理由的，完全是一种莫须有的罪名。

亚里士多德教导亚历山大大帝共计八年有余，但他并不是亚历山大大帝的代理人，尤其在政治立场上，他的政治理论与亚历山大的现实抱负相差甚远。亚里士多德一生追求和平，对希腊“小国寡民”的民主城邦制推崇备至；而亚历山大大帝一向好战，以“帝国政治”的中央集权理念去征服世界，建立地跨欧、亚、非三大洲的大帝国。

亚里士多德生活的时代，是城邦制行将崩溃的时代，亚历山大大帝的征战，又加速了这一历史进程，但亚里士多德却依然坚持认为唯有城邦才是生活的中心。在他看来，只有在城邦形式中，社会的本质才能得到真正的确定，无论是村落、家庭，还是个人，追求的最终目的就是城邦。亚里士多德认为，城邦或国家的产生，是顺乎生活目的的自然行为，而不是出于某种外力或强制。城邦的目的是“自足”，是为了使生活变得愉快，不感到困乏。因此，城邦存在的目的，完全是为了生活得美好。亚里士多德一直向亚历山大灌输这种理论，但在这点上，亚历山大大帝从来不为所动，他始终坚持自己的政治抱负，建立中央集权的帝国。对于亚历山大的征战杀戮，亚里士多德感到非常痛心，屡次劝他不要滥开杀戒，要以人民幸福的城邦制为追求目标。但流淌着马其顿野性血液的亚历山大大帝是不可能停下前行的脚步的。事实证明，亚历山大大帝最终还是将他的政治理想付诸现实，通过连年征战，建立起一个庞大帝国，并将希腊文化和东方文化糅在一起，开辟了“希腊化”的历史新时代。也正是自那时起，亚里士多德所赞扬的希腊城邦制度走到了尽头。

亚里士多德一生勤奋治学，几乎从不参与政治事务，也从未利用“亚历山大大帝的老师”的特殊身份为自己谋取福利，相反，他总是处处站在雅典的立场，为雅典人争取利益，为雅典城邦作出贡献。据记载，公元前335年，希腊诸城邦掀起了声势浩大的反抗马其顿统治的运动。在运动被镇压之后，亚历山大大帝决定严厉处罚希腊人，亚里士多德不顾危险，替雅典人求情。正是由于他的斡旋，雅典人才免遭毁灭。因此，雅典人感谢亚里士多德的功绩，为他立了一块碑铭以示敬意。碑上刻着："他通过对雅典人民的贡献，尤其是为了增进他们的利益与亚历山大国王的斡旋……为城邦作了出色的服务。"

公元前330年，亚里士多德被邀请起草德尔斐神庙皮托赛会的获胜者名单。根据惯例，只有口碑好、品德好的学者才能享有这份殊荣。亚里士多德能被邀请，这件事本身就说明雅典人对亚里士多德的认可程度，他在当时是受大众欢迎的一位学者，并非后来雅典人所"憎恶"的那样。德尔斐神庙发现的一块断裂石碑上写道："他们（亚里士多德和加里斯赛纳斯）为在两次皮托赛会中的得胜者以及从一开始便组织竞赛的人起草了一张名单，亚里士多德和加里斯赛纳斯受到了赞扬和称颂：雕刻匠刻下了这张名单……并把它立在庙中。"在希腊，皮托赛会的重要性仅次于奥林匹亚赛会，优胜者的名字和成绩都保存在德尔斐的案卷中。记录优胜者的名字和成绩的工作要求有丰富的历史知识，需要浏览大量的历史记载，从这些材料中确定正确的年表，然后才能列出具有权威性的名单。这些名单并不只对运动员有意义，在那个时代，历史学家还不能采用公元纪年方法来叙述历史，纪年的准确性必须依靠花名册——或者是城邦官员的，或者是体育冠军的。

时过境迁，授予亚里士多德的荣誉后来被撤销了。碑文是考古学家在一口井中发现的，可能是在公元前322年那场反马其顿的怒潮中被扔在那里的。亚里士多德写信给他的朋友：

“至于对在德尔斐授予我的荣誉——现在它已被剥夺了——我的态度是这样的：既不热衷，也不漠然。”雅典人就这样毫无理由地因亚历山大而迁怒于亚里士多德。看来，他们似乎有意要忘记亚里士多德对雅典城邦所作出过的诸多贡献，有意要为自己的愚蠢行为给亚里士多德加上一个莫须有的罪名。最终，亚里士多德也没有摆脱成为政治牺牲品的命运。

第 4 章

重返雅典：创立吕克昂学园

吕克昂学园

公元前 335 年，亚里士多德回到阔别十二年的雅典——此时的雅典已经在马其顿的控制之下。亚里士多德没有试图再到阿卡德米学园寻找任何位置，他要建立属于自己的学园。在雅典城东北角一个叫吕克昂的地方，亚里士多德花费大量资金创建了吕克昂学园。在这里，他亲自主持讲授并广泛开展学术研究，直到生命的终点。这是他学术活动的鼎盛时期，现在我们所见到的较为完整的亚里士多德著作，也大多是这一时期的作品。

吕克昂是雅典一个古老的运动场，天然环境幽雅宁静，坐落雅典城东北角，与城西北角的阿卡德米学园隔城相望，距离不远。苏格拉底在世时曾多次来此，柏拉图有过这方面的记述，他在《吕西斯篇》开篇说："我（苏格拉底）当时正沿着围墙边的那条小路从学园去吕克昂，待我走过帕诺浦泉边的小门时，正好碰上了希洛尼谟之子希波泰勒，还有培阿尼亚人克特西普以及其他一些青年和他一起站在那里。”这意思是沿着雅典城的北墙，经过后门，从阿卡德米就能直接走到吕克昂。“吕克昂”名字的由来，源于该运动场外丛林里的一座吕克昂神庙，即阿波罗神庙。这里原是伯里克利训练雅典常备军的体育场，也是平民百姓举行讲演和竞技的场所，后来逐渐被游方学者所钟爱，成为有志之士云集之处。

亚里士多德对待吕克昂学园，犹如柏拉图对待阿卡德米学园，致力于形成一种独特的学术氛围。经过十几年的游历，亚里士多德增加了社会阅历，增长了见识，开阔了眼界，走上独立探索的道路。虽然已经年届半百，但作为教师，作为思想家，他依然精力充沛，头脑敏锐。亚里士多德与学生们合作，把当时的几乎所有知识都进行了整理，将丰富的材料汇集起来并系统化，对哲学及其他专门的知识领域都进行了研究。此时，他全身心地投入工作，激励着学生走向智慧之路。据说，为了使自己不要睡得太久而耽误工作，亚里士多德入睡时常常手里拿着一个金属球，下面放着一个盆，金属球掉到盆里发出响声，亚里士多德被惊醒后，便继续他的科学思考。在亚里士多德看来，知识和教书是不可分割的，他经常与他人以研究小组的形式一起完成研究工作，他将研究结果与朋友和学生交流，从不把它们看作自己的私人宝藏。他认为，一个人除非能将自己的知识传递给他人，否则就不能宣称自己懂得一门学科，而且，教书是有知识的最好证据，也是知识的自然展示。对比现今老师单方面授课、学生单方面听讲的教学体制，亚里士多德学园宽松的教育体制和宽容的教育精神更令我们向往。亚里士多德的教学是在散步中进行的，哲学家们一大清早便起来，披上长袍，沐着朝阳，迎着清风，到廊柱下面散步。周围跟着一群学生，他们一边走着，一边激烈地讨论着哲学问题。

哲学本就不是枯燥无味、让人敬而远之的学问，完全可以在一种轻松、逍遥的氛围中研究。亚里士多德的授课有一个特别之处：上午，他与学生们一起在林荫路上讨论深奥的抽象的逻辑、哲学和物理学问题；下午和晚上，则是以通俗的方式向校外听众讲解修辞学、论辩术、政治学。无论是讲授深奥的道理，还是传授通俗的知识，他的目的都只有一个，那就是教导人们与无知作斗争。同时，学园有一套管理的规章制度——要求所有学员轮流做“学术领袖”，每人一次，轮流担任十天一期的组长，掌管教研生活，每个月召开固定的专题讨论会。这些方式后来被中世纪的大学加以继承和发扬。

吕克昂学园在学科设置、学习内容、教学方法方面甚至超越了阿卡德米学园。阿卡德米学园在于培育“哲学王”，强调理性思维，重视哲学与几何学的系统学习；而吕克昂学园更注重实际研究，如伦理学、政治学这样的应用学科，特别是自然科学的研究。在亚里士多德看来，要想进行正确的学科研究，不仅要对基本哲学问题进行理论思考，还要进行直接的实验。这种亲身的实验和经验既包括自然现象方面的，也包括社会结构方面的。正是因为如此，亚里士多德把吕克昂装备成一个真正的研究机构：学园里有序地陈列着各种学科的材料；柱廊上悬挂着许多地图，上面标示的地区都是古希腊的地理学家和其他旅行家曾经考察过的；博物馆中开设了一个规模很大的手稿图书馆，该图书馆是欧洲第一个图书馆，藏书超过阿卡德米学园数倍以上，这些藏书最后流入亚历山大里亚城，成为当地著名图书馆藏书的基础。亚里士多德的这种教学模式，对于开创现代大学学术研究的气氛和教学科研具有直接的现实意义。因此丹麦学者佩德森说，吕克昂是“古代第一所具有大学性质的学校。在这所学校中建立起的教学与研究之间的联系立即证明了它的效率，很快成为其他地方此类机构的榜样”。

有记载说，亚历山大大帝非常支持老师亚里士多德的办学，在东征厮杀的同时也不忘老师的研究事业，先后提供八百塔兰特（古希腊货币）的经费，让亚里士多德进行科学研究。亚历山大大帝还为亚里士多德提供了大量的人力，曾指挥上千人到希腊和亚洲各地，为亚里士多德搜集各地的动植物标本和其他资料，所以亚里士多德能在他的动物学著作中谈到诸多动物的生活习性。在这样的资助和支持下，亚里士多德收集了众多自然科学和哲学的手稿，逐步确立了科学分类的基本轮廓，从而将大部分科学推进到前所未有的高度。例如，亚里士多德收集了古希腊一百五十八个城邦的宪法，积存了大量可供教学的生物标本，对五百多种不同的植物、动物进行分类，创立了世界上第一个生物系统分类的方法。这些优越的研究条件，再加上亚里士多德本人日益高涨的声望，使得吕克昂学园的学术地位实际上已经超过了阿卡德米学园。对此，第欧根尼·拉尔修这样表述：“在过去的百年里，我见到许多聪明人出没于吕克昂学园，它的光彩丝毫不亚于当年的阿卡德米……亚里士多德发现了新的天才和各种知识上的成就，他使学生们原来盲目的、荒唐的见解改弦易张、使勇敢的人试图去悟出一种全新的理论方法。”

从公元前 335 年吕克昂学园创立的时候起，它就始终从事着学术研究活动。亚里士多德之后，泰奥弗拉斯特接管了学园；泰奥弗拉斯特在公元前 287 年去世后，学园的领导职位传给了斯特拉托，他领导着该学派直至十八年后逝世。其实，吕克昂学园自斯特拉托之后便很快衰落了，人们再没能见到亚里士多德的秘藏学说，而只能看到那些公开的对话录等著作。

这种情况到公元前 1 世纪有了比较大的改善，此时亚里士多德的手稿被重新发现。大约公元前60年，吕克昂学园的第十一任主持安德罗尼柯得到了书稿，他将这些书稿与学园中残存的、几经翻抄的讲义相校勘，重新加以编辑整理并公开发表。所以在公元一二世纪，亚里士多德著作的研究重新形成热潮，许多学者对他的逻辑学、自然哲学和形而上学的著作作了许多注释，其中最著名的代表是阿弗罗狄西亚的亚历山大。这些已经属于后期亚里士多德学派的工作了。无论如何，在前后九百多年时间里，吕克昂学园为西方世界和近东培养出了大量的学者、文人，直到公元6世纪，东罗马帝国的反异教运动兴起。公元529年，东罗马帝国皇帝查士丁尼下令封闭所有非基督教学校，柏拉图学园、吕克昂学园等许多著名的学园都被强行关闭。

漫步的哲学家

亚里士多德学派又叫作“漫步学派”或“逍遥学派”。一个流行的说法是，在吕克昂学园里，亚里士多德喜欢和学生边散步边聊天，这样走来走去，逍遥自在，因而得此雅名。但黑格尔抨击了这一说法，他认为“漫步学派”“逍遥学派”之名并非源于亚里士多德喜欢在学园游荡，而是因为学园里环境清新幽静，树木葱郁，环绕装点着林荫道、喷泉和围廊立柱，林荫道又称“逍遥道”，故得名。这里我们姑且不去考究哪种说法更为可靠，但有一点十分清楚：由于吕克昂学园，亚里士多德及其追随者又被世人称为“漫步的哲学家”。在亚里士多德众多的追随者中，比较有名的除了泰奥弗拉斯特还有欧德谟斯。据说亚里士多德的《欧德谟斯伦理学》就是以他的名字命名的，甚至有些学者怀疑它就是欧德谟斯写的。此外，亚里士多德的学生中，还有阿里斯托克塞诺斯和狄凯阿库斯等一些后来比较有名的哲学家。

有一种观点认为，亚里士多德在世时，学园还没有形成规模宏大的建筑，是由于学派成员德米特里的资助，才有了后来的规模。德米特里是泰奥弗拉斯特的学生，出生于法勒鲁姆，是雅典的演辩家、政治家、哲学家、作家。公元前 318 年，德米特里被马其顿的卡山德任命为雅典的僭主，主掌雅典事务。在单独治理雅典期间，他对法律进行重要改革，让雅典维持亲卡山德的寡头政治，并大力支持吕克昂学园，很可能就是他给了泰奥弗拉斯特这位异邦居民拥有财产的权利。公元前 307 年，德米特里被敌对势力驱逐出境，离开雅典前往底比斯。同年，漫步学派也被逐出了雅典。自那以后，这个哲学学派的中心逐渐由雅典移至亚历山大城，最后在罗得斯岛形成了一个漫步学派的研究中心。这个时期的漫步学派，就像亚里士多德在世时那样，在每一个领域收集和解释资料，并提出和试图解决各种疑难理论。他们的研究在逻辑学、自然哲学，主要是生物学和灵魂学说方面有所发展，尤其是当时希腊世界普遍流行的伦理学说，总的说来，还基本上保持着亚里士多德的哲学传统。

泰奥弗拉斯特与亚里士多德相识于米底勒尼，此后共同合作，形影不离。作为亚里士多德的继任者和吕克昂学园的主持人，他在这里主持工作三十多年，奠定了这个学派的思想、制度和物质基础，当之无愧为漫步学派的杰出首领。在雅典，泰奥弗拉斯特是位很受尊重的人，经常有两千人听他讲课。曾有人控诉他犯渎神罪，结果控诉者反被处以五个塔兰特的罚金；有人制定法律将所有哲学家包括泰奥弗拉斯特逐出雅典，第二年这条法律即被废除，泰奥弗拉斯特重返雅典，这主要得益于他的学生和朋友德米特里的帮助和支持。泰奥弗拉斯特知识广博，是位非常勤奋的学者，他认为人生最大的浪费就是浪费时间，一位作者必须不断地重读和修正自己的著作。当他临终前学生们问他还有什么话说时，他说："人生最不好的就是爱慕虚荣，告别它你们才能得到幸福。对于我辛勤劳动得来的学说，你们或者抛弃它，或者推进其中有价值的东西，便能赢得巨大的荣誉。当我不再继续进行应有的讨论时，你们应该将它正确地进行下去。"泰奥弗拉斯特忠实地继承了亚里士多德的形而上学思想，并将其应用于植物学研究，他还写过一些有关哲学史和宗教方面的著作。就像他的老师一样，泰奥弗拉斯特也是著作等身，在第欧根尼·拉尔修为其所撰的传记中，光列举出来的著作就有两百多种，可惜现在只留下《植物学》两卷，以及其他一些残篇。

相较于形而上学方面，泰奥弗拉斯特对自然研究尤其是在植物研究方面取得的成绩要更为显著一些。早在亚里士多德带着家人逃到米底勒尼时，泰奥弗拉斯特就和亚里士多德充分利用沿海礁岛林立的地理条件，开始对海生动植物进行广泛的实地调研考察。在西方，从古代埃及、巴比伦等地区兴起和初步发展的生物学知识，经过一段时间发展积累，到了公元前 5 至 4 世纪，生物学终于在古希腊诞生。亚里士多德对研究动植物有浓厚的兴趣，他一生研究了五百多种动物，其中至少亲自解剖、观察过的就有五十多种，他是把人类对动物的长期观察结果记录下来，并加以总结、整理，使之系统化的第一人，他大大推动了生物科学研究的发展。与亚里士多德主要研究动物不同，泰奥弗拉斯特主要研究植物，《植物研究》和《对植物的解释》是他流传下来的最早的系统的植物学著作，前者主要对各种植物进行形态分类描述，后者主要论述植物的生长繁育、周围环境对植物生长发育的影响、病虫害及其防治等。泰奥弗拉斯特将植物作为自然界的一部分加以考察，主要记述各地植物的分布和传说。和亚里士多德一样，他把植物本身作为研究对象，研究形态、器官、功能，以及这些植物的生长、繁殖、分类等等。此外，他详细记述了高等植物的有性生殖。泰奥弗拉斯特认为，所有树虽然种类不同，但有一个共同之处，即各种树都由雌性树和雄性树组成。对枣树来说，只有雌、雄两树靠近才有利于果实的生长。可以说，泰奥弗拉斯特记述的植物学知识大大超出了前人的范围，所提到的植物也不局限于希腊和地中海沿岸，还包括欧洲、亚洲其他一些地区。这些记述总的来说都是可信的，不仅是古代，即使是到了中世纪也找不出任何植物学著作可以和泰奥弗拉斯特的著作相比。

亚里士多德另一名忠实信徒欧德谟斯在西方数学史方面非常有名，他曾编写过算术史、几何学史和天文学史等著作，这些内容除了后世作者引述过的片断材料之外都失传了。亚里士多德去世后，欧德谟斯回到故乡罗得斯岛，在那里建立了自己的学校，致力于亚里士多德思想的研究和教学。他与泰奥弗拉斯特保持密切的联系，现在保存的有他写给泰奥弗拉斯特信件的残篇，和他讨论亚里士多德《物理学》中一些段落的解释问题。欧德谟斯关于物理学的知识，大部分是亚里士多德《物理学》的释义，虽然有时有些不同的观点，也只是要将亚里士多德的论述阐明得更加明白清楚罢了。19 世纪有些学者认为欧德谟斯是《欧德谟斯伦理学》一书的作者，但现在一般认为这应该是亚里士多德自己的原作。

对于亚里士多德“位置的不动性”理论，欧德谟斯和泰奥弗拉斯特都接受了位置的不动性要求，并将它视为位置学说的“公理”之一。欧德谟斯属于漫步学派中更为正统的亚里士多德主义者，他试图从亚里士多德自己的文本出发为后者的位置学说辩护。要为亚里士多德提供辩护，亚里士多德主义者必须要解决的重要问题之一，就是澄清位置在什么意义上是不动的，或者说，相对于什么东西而言是不动的。辛普里丘在其关于《物理学》的评注中保存了欧德谟斯的以下残篇：欧德谟斯提出，位置必须是不动的包围者的界限；他还补充说，“因为运动者就像一个容器，这就是我们为什么相对于诸天球来确定位置。因为天球并不改变位置，除非是在它们的各个部分中改变位置”。这段文本的语境是欧德谟斯在评论最外层天球的运动问题，他试图利用这些思想资源澄清位置在什么意义上是不动的，这就是为什么他要建议相对于诸天球（尤其是最外层天球）来界定位置的不动性。欧德谟斯提示我们可以利用亚里士多德的宇宙的那些绝对不动的部分来更精确、更技术化地定义位置的不动性。但是，欧德谟斯所做的仅仅是提示而已，他也没能对位置的不动性给出技术化解释，这种技术化解释直到中世纪提出形式位置学说之后才出现。

亚里士多德的学生中，还有阿里斯托克塞诺斯和狄凯阿库斯等人，但因现存下来的材料中对他们的记述非常之少，我们也只能简单了解一二了。阿里斯托克塞诺斯早年跟从父亲学习音乐，写了许多有关和谐和音乐的著作，比如《论音乐》，在研究的完善性方面，他远远超过前人。他以严密的方法、精确的定义和透彻的音乐知识著称，有人说，他的观点是毕达哥拉斯学派的和谐的道德观和漫步学派的经验主义的结合。毕达哥拉斯学派从数本原论与谐音学中形成了一个重要的范畴，就是“和谐”，和谐不仅是万物有善的限定性的原理，也是这个学派的审美与伦理价值观念。阿里斯托克塞诺斯虽然是漫步学派的成员，却以严格的禁欲的品格完全同意毕达哥拉斯学派的伦理训条，表扬虔诚、感恩、忠实朋友、尊敬父母等等。狄凯阿库斯是西西里岛人，他长期居住在伯罗奔尼撒半岛，比较有名的著作是《论文化史和哲学家与诗人的传记》，由于著作失传，我们对这部著作的内容所知不多。在灵魂本性问题上，狄凯阿库斯认为灵魂自身没有绝对独立的存在，只是物质因素组合的结果，除了生物体中四种元素的和谐结合以外没有别的东西，灵魂只有和肉体相应地结合，并通过肉体的各个部分的扩散才成为实在。狄凯阿库斯还断言实践生活高于理论生活，因此他认为研究政治最吸引人。

此外，在早期漫步学派成员中，值得一提的还有吕克昂学园的第三任园长斯特拉托。据说，斯特拉托是唯一能贯彻由亚里士多德和泰奥弗拉斯特倡导的科学路线的学生。公元前 340 年，斯特拉托出生于小亚细亚的兰普萨库斯，公元前 270 年卒于雅典，青年时期在亚里士多德学园学习过，后来前往埃及城市亚历山大里亚旅行。在那里，他协助把亚历山大里亚建设成为科学中心，亚历山大里亚后来一直是古代各时期的科学中心。他还当过托勒密二世的老师。泰奥弗拉斯特去世时，斯特拉托回到雅典，成为亚里士多德学园的第三任园长。斯特拉托在物理学方面比亚里士多德更高一筹，他赞成德谟克利特的原子理论。虽然他同意亚里士多德关于自然界中不存在真空的观点，但还是叙述了形成真空的方法。他也是最早认为物体在下落时有加速度，即每一单位时间的速度都比前一个单位时间快的学者。一千九百年后，正是伽利略对这加速度的测量，标志着新物理学的诞生。斯特拉托去世后，亚里士多德学园逐渐衰落了。

这一阶段，吕克昂漫步学派的活动与亚历山大里亚的托勒密学派的活动有相似之处。事实上两种传统是重叠的，两个中心在不同领域的贡献各不相同：在动物学方面，漫步学派像自然科学家那样写作，而亚历山大里亚学派学者则像作家和百科全书学者那样写作，从科学的主题移开，特别关注对经典文学著作的解释；在人体解剖学和生理学方面，亚历山大里亚学派由于解剖实践的帮助处于前沿水平。我们说亚里士多德学园之所以逐渐衰落，并非因为哲学在雅典处于休眠状态，而是当时的雅典城内正在兴起另外两种哲学学派，既不是柏拉图的学派，也不是吕克昂的学派，而是两个新的学派：一个是伊壁鸠鲁学派，他本人也因所建学校以花园著称，与外部世界完全隔绝，而被人称为“花园哲学家”；另一个是由来自西提姆的芝诺建立的斯多亚学派，该学派因为在斯多亚柱廊或画廊讲学而得名。

和谐公民教育观

亚里士多德的博学常常使人们忽视了其教育家的身份。但不可否认，亚里士多德是古希腊教育经验和教育思想之集大成者，他所提倡的“和谐公民教育观”，直至今日依然是教育理论者、实践者孜孜以求的目标。实际上，亚里士多德的教育学应该包含两部分，一部分是他的实践经历，即在吕克昂学园办学讲学的经历，另一部分是他的教育理论内容。亚里士多德的教育理论出现在《政治学》的后半部和《诗学》的一些章节中，他指出只有教育才能保证城邦公民的团结统一。他说：“城邦应该是许多分子的集合，唯有教育才能使它成为团体而达成统一。”因此，亚里士多德明确指出，国家应大力推广和管理教育，教育对国家的兴衰至关重要，少年的教育应该成为立法者最关注的事业，因为“邦国如果忽视教育，其政体必将毁损”。

在亚里士多德的教育观念中，始终贯穿着一种理性和谐的中性之路，即所谓的“中庸之道”，他认为只有训练出必要的全方位的素养，才能使心灵趋向于善。然而，西方的和谐教育思想并不是亚里士多德最早提出的。事实上，雅典作为古希腊时代最著名的城邦，有很长一段时间独立地占据了整个希腊世界的尊崇，吸引了西方和东方的目光，这其中很大的原因来自于它孕育了当时一流的人才。在雅典教育中，“和谐”这个概念极其重要，提倡身、心的和谐发展。他们认为最伟大的艺术品是人，这种人是内在美与外在美的统一，是体力与脑力的和谐。这就是雅典为我们展现的一个具有完整人格的公民形象。在他们看来，不仅要注重发展人的智力、体力，还要注重感情、判断和创造力的教育。柏拉图在《理想国》中充分利用“理念论”和“灵魂不朽论”承载他的教育理论，设定他的理想国公民都是具有和谐思维的城邦居住者，尤其是国家治理者更应兼具哲学家和政治家的双重身份。在他看来，教育的最高理想是造就哲学家，哲学家应是内外美兼备的人，应该让这种哲学家担任国王，即哲学家国王（哲学王）。柏拉图认为，每个人的灵魂中都有理性、激情、欲望三种成分，欲望占据着人的灵魂的最大部分，并且人的本性是贪财的。只有当一个人受过良好教育，理智、激情和欲望这三者间的关系才能得到协调，用理智领导激情和欲望，三部分彼此才能友好和谐。但是，教育的任务不在于把知识灌输到灵魂中去，而在于使灵魂转向。人生来就有一种获取知识的能力，例如眼睛有视力，耳朵有听力，但只有当整个身体和灵魂转变方向，远离黑暗，投向光明时，才能见到事物本身而不是认识事物的影像。所谓远离黑暗、投向光明，就是转向永恒不变的理性世界，看到实在，看到真理，看到善的理念。

亚里士多德在总结雅典教育实践时，在柏拉图等人的理论基础上将体育、智育和德育整合在一起，突出音乐教育在其中的价值，提出了更为系统的和谐教育观。首先，他主张理性的教育与自然的引导原则。亚里士多德非常推崇艺术教育形式中“自然的模仿”的功能，提出教育应该“效法自然”的思想，即“教育的目的及其作用，有如一般的艺术，原来就在效法自然，并对自然的任何缺漏加以殷勤的补缀而已”。他认为自然是至善的最高体现之一，人们由于在社会生存，承担繁重的心理负担，“失却了本心、使灵魂产生缺憾”，对自然的模拟可以使人们回归自然主义，在艺术和美感面前流露出最质朴的感情。因此，在亚里士多德看来，良好的教育要能对人的心灵发展起到促进作用，必须依据人的生长进程，遵循人的自然形成加以规划。其后的数百年间，关于艺术和教育的模拟引起了广泛的讨论，核心就是激情与人性、自然与灵魂、理性与感性到底谁先谁后。在《诗学》被翻译成拉丁文的时候，亚里士多德主义占据了上风，回归自然的风潮一度盛行起来。特别是在罗马前期，维吉尔、奥维德、卢克莱修、贺拉斯、老普林尼先后在他们的作品中热情地讴歌美化自然主义风尚。

亚里士多德关于教育应该“效法自然”的观点，与其关于灵魂的学说是一脉相承的。亚里士多德的灵魂说更富于现实性，他认为人有三种灵魂：理性灵魂、非理性灵魂和植物性灵魂。理性灵魂主要表现在思维、理解、判断等方面，是灵魂的理智部分，又称为理智灵魂，是最高级的灵魂；非理性灵魂主要表现在本能、情感、欲望等方面，是灵魂的动物部分，又称为动物灵魂，是中级的灵魂；植物灵魂主要体现在有机体生长、营养、发育等生理方面，是最低一级的灵魂。人人都具备这三种灵魂，且从出生到成人依次呈现出植物灵魂、动物灵魂和理性灵魂。即儿童出生前后主要是身体的发育、生长，到了稍大一点时就表现出他的本能需求及情感需要，到了成人时才有思维、理解、判断等能力的出现。表现在教育上，亚里士多德把教育划分为三个组成部分：体育、德育、智育。其中体育是基础，智育是最终的目的。他认为，要使人的灵魂得到健康的完善的发展，必须在人的不同阶段给予恰当的教育和训练。

亚里士多德提出对学生必须进行“体育、德育、智育”三方面的教育，同时提出了划分年纪的学制理论。他把一个人的教育按每七年为一个阶段来划分。0~7 岁为第一阶段，以体育训练为主；7~14 岁为第二阶段，以德育为主；14~21 岁为第三阶段，以理智培养为主。亚里士多德认为，体育和竞技不仅可以使儿童身体强壮，也可锻炼人的勇敢和意志，但他不同意柏拉图理想国式的黩武教育，反对一味地让学生进行严酷甚至痛苦的训练。他认为对儿童的训练必须适度，过度锻炼会留下恶果。譬如，斯巴达等军事城邦过于严厉的训练，会把儿童培养成为愚蠢的劳力工具。因此，在体育教育安排上，亚里士多德主张要根据儿童的年龄，适量安排儿童幼年期的锻炼，防止疲劳过度，提倡轻便灵活的体操和格斗技巧；而少年期心灵增长速度快，应该更加重视道德教育。亚里士多德认为，美好的德性就是“中庸之道”，他说：“凡行为共有三种倾向，其中两种是过度与不及，另一种是德性，即遵守中庸之道。”勇敢过度为鲁莽，不及为怯懦；自豪过度为虚荣，不及为卑贱。这种理念本身就体现着和谐之道。因此，道德教育的目标也就在于通过实践活动和反复练习，逐步养成中庸、适度、公正、节制和勇敢的品德，这也是一个城邦应具有的美德。在智育教育上，他认为，智育的目的是充分发挥人的理性灵魂的功能，培养人的理性美德。人只有在探求真理、考究哲学、研究科学中才能充分领悟到人生的幸福，过上美好的闲暇生活；阅读、书写乃至绘画，都是为了将来的实际效用，比如，为了处理家事，从事政治生活等。同时，国家也应该对优秀青年学生继续培养，他创办的吕克昂学园就是为了这个目的。

亚里士多德还特别强调音乐在教育中的作用。音乐教育是亚里士多德和谐发展教育思想的核心部分。在亚里士多德看来，音乐不仅是实施美育的最有效的手段，而且还担负着智育的部分职能，并且是实施道德教育不可缺少的内容。他认为，音乐是与心灵的直接对话，通过节奏可以带给人心灵上的愉悦，发掘出蕴藏于心灵中体验的实际意义，进而自然而然地受到性情和德性上的陶冶。任何年龄段的人都应学习音乐，“幼年阶段学习音乐方面的知识，可以鉴别音乐的美，并从中感到乐趣；少年时期学习音乐，有助于体格的锻炼，有助于学业成就的获得；青年时期学习音乐，是为了欣赏高尚的曲调和旋律”。亚里士多德主张“文雅教育”。他把学科分为“实用的”和“文雅的”两种，实用学科为实际生活服务，具有功利性，是不高尚的；文雅学科没有功利性，专供闲暇和享受之用，是高尚的。亚里士多德更重视后者，因此，他主张必须将音乐纳入教育计划之中，其终极目的是通过快乐表现至善和幸福。

总体而言，从亚里士多德对儿童体育、德育、智育，乃至音乐教育的论述中，可以发现他的和谐教育观较前人而言更为系统，也更为客观。对比今日之教育，我们有理由相信，早在两千多年前，亚里士多德的和谐教育观已为我们提供了理论指导和操作指南。

第 5 章

《形而上学》：求知是人的本性

《形而上学》

一部欧洲思想史就是对亚里士多德的诠释史。回顾人类思维发展的历程，谁都无法否认亚里士多德作为西方文化奠基人的历史地位。研究亚里士多德的学术思想，首先要研究他的“形而上学”，这个词并非像今天普通人所以为的那样充满歧视色彩，而是指一种“研究存在之为存在以及存在的自在自为的性质的科学”，即基本的世界观和方法论。

《形而上学》开篇第一句就是“求知是人的本性”，这反映了亚里士多德的人生态度，也反映了他的人生历程。亚里士多德的一生都被一种灼热的渴望，即对知识的渴望驱动着。他的整个生涯和每一个已为人知的活动都证明了一个事实：他先于其他人关注如何促进对真理的探索，如何提高人类知识的总和。亚里士多德曾断言：“所有人都有渴望认识世界的天性。”在《哲学训词》中，亚里士多德宣称“智慧的获得是令人愉悦的；所有的人在哲学中都会感到安适，也希望把其他事放在一边，花些时间在哲学上”。“哲学”一词从词源学上讲，指的是对智慧的热爱。

亚里士多德的“形而上学”是他伟大思想的集中体现，是人类历史上继柏拉图“理念论”之后更大的具有法规性质的思想体系。贯穿《形而上学》全篇的，是亚里士多德关于可见世界真实的思考，他试图在制造形象中理解形象，反映了他的那个时代人们对世界体系完整认知的需要。波普尔这样评论道：“形而上学就像是在把物体看作兴奋剂，以一种狂热和单纯的思维去看待它的状态，或者是相关概念的转换……得益于亚里士多德的形而上学，我们反抗柏拉图理论中的宗教式的唯心主义的力量大大加强了，这是人类哲学家第一次不可避免地进行全面辩证地了解世界的尝试。形而上学的意义，是内省的，它探求物态的本质意义和目的，在这里，哲学抛却了理念论所强加的过度的神圣职责，强调一种本质上的自然关系，意味着把创作者本人所知的各种概念连接在一起形成一种特性或关系。”几千年以来，形而上学的演变史几乎等同于哲学的发展史。在哲学家看来，如果哲学是人类科学中最美丽的王冠，那么形而上学就是王冠上最美丽的那颗宝石。然而在以黑格尔作为起点的现代哲学开始之后，西方开始普遍质疑形而上学，开始重新开辟道路，发起针对传统的革命，但亚里士多德的“形而上学”依然在哲学史上占据着至高无上的地位。

亚里士多德的《形而上学》被誉为西方哲学的圣经，但他本人并没有运用后世称为“形而上学”的概念，而是把它作为“第一哲学”“神学”，同其他门类的哲学，如物理学、自然哲学、文艺学的“第二哲学”区别开。亚里士多德去世后二百多年，吕克昂学园的第十一任主持安德罗尼柯整理了亚里士多德的旧稿与讲义，编纂了当时所能收集到的全部遗稿，把研究自然界运动变化的著作整编在一起，取名为“物理学”，又把一些杂乱的讨论“第一哲学”的文章编在“物理学”后面，取名“物理学之后诸篇”，中文译名为“形而上学”，是取自《易经·系辞》中“形而上者谓之道，形而下者谓之器”一语，由日本人井上哲次郎（明治时期）翻译而来。当时，这种译法遭到严复的抗拒，将其译为“玄学”，可并没有被大众接受，于是后来就沿用了“形而上学”的译法。换言之，“形而上学”是“第一哲学”的中文翻译，比如笛卡儿的《第一哲学沉思录》也称为《形而上学沉思录》。笛卡儿把人类的知识分为三部分，用大树作比喻：第一部分是最基础的部分，也就是树根，是形而上学，它是一切知识的奠基；第二部分是物理学，好比树干；第三部分是其他自然科学，以树枝来比喻。作为一个哲学家，“形而上学”是亚里士多德自己特有的理论基础，与他的其他哲学类别区别对待，地位如同柏拉图的“理念论”、托马斯·阿奎那的“托马斯主义”等等。

《形而上学》这部著作使亚里士多德荣膺“哲学家之王”的称号。它是西方思想传统中最重要的经典文本，或者说是奠定西方思想传统的重要著作，展示了人类理性对于事物最普遍的面相和终极的原因的探索。可以说，《形而上学》既总结了古希腊哲学，又开启了西方后来的哲学。该书共十四卷，各卷之间，甚至同一卷中有的章节之间也没有结构上的连续性。古代的注释家已对本书的结构提出各种不同的解释。近代，经学者瓦纳尔·耶格尔等人的研究，大体认为：第一、三、四、六卷为第一组，第七、八、九卷为第二组，第十、十三、十四卷为第三组，这三组一起构成《形而上学》的基干；第二、五、十一、十二卷则是插进去的。第一组的四卷主要研究哲学的性质、对象和范围。其中第一卷总结了亚里士多德以前西方哲学的发展，是一部最早的论述西方哲学史的文献。第三卷提出哲学应该研究的十多个问题，如个别与一般的问题等。对这些问题的回答，是全书的基本内容。从这里可以看出那个时代人们关于哲学研究的看法。第四卷和第六卷明确回答了哲学的对象和范围问题，将哲学划分为第一哲学与第二哲学，第一哲学研究存在本身及其固有的属性，还研究表述存在的最一般的范畴以及各门学科都要遵循的一般公理如矛盾律和排中律等。第二组的三卷主要是关于实体（或本体）的学说。这是亚里士多德哲学体系的核心部分。他认为，“存在”的中心范畴就是“实体”，其他范畴是表述实体的。实体是与一切事物相关的“本原”。在对“实体”的进一步论述中，表现了他的动摇性：他有时认为“实体”是独立存在的个别事物，有时将“实体”视为普遍本质。在这三卷中，他专门探讨了自己哲学体系的三大基本理论——实体论、形式和质料、潜能与现实。第三组的十三、十四卷驳斥了柏拉图及其学派将数和理念看作独立存在实体的观点。第十卷是从一般理论出发，论述“一”与“多”等最一般的数量范畴不是独立存在的实体，进而说明各种对立与相反范畴之间的关系。第二、五、十一、十二卷仍然是讨论哲学上的问题。第二卷像是另一篇哲学导言的残篇；第五卷列举和解释了三十个哲学术语（即范畴），被称为“哲学辞典”，可能是其早期的著作；第十一卷由两个完全不同的部分组成，前八章是第三、四、六卷的内容摘要，像讲授提纲，后五章是《物理学》书中一些章节的摘要；第十二卷一般被认为是亚里士多德较早写成的一篇独立的论文，后来加进了有关天文学等方面的几个片段。在进一步分析事物变化的根本原因时，亚里士多德提出了“不动的推动者”这个概念。他认为变化过程不能是无限的，必须要有一个永恒不动的实体，它是纯形式和绝对的现实，它就是“神”，是万物变化的终极原因和根据，是“第一推动者”。后来，亚里士多德“第一推动者”的思想在基督教哲学中常被用来证明上帝的存在。

四因说

在亚里士多德看来，哲学作为一门独立的学科，首先必须要搞清楚自己的基本问题，如果不知道这些基本问题就无法取得进步。那么，研究哲学的任务是什么呢？在我们周围的世界里，我们看到事物是不断变化着的，变化是我们经验的基本事实之一。对亚里士多德而言，“变化”这个词有很多种意思，包括运动、生长、死亡、进行、衰落。既然自然事物是运动变化的，它们的运动变化是有原因的，只有把握了它们的基本原因，才算是认识了事物。因此，研究哲学的任务就是说明事物产生和运动变化的原因，弄清楚事物的“为什么”。“人们如果还没有把握住一件事物的‘为什么’，是不会以为自己已经认识了这一事物的。”这些变化中有一些是自然的，而另外一些则是人工技术的结果。其中，因自然而存在的有：动物及其各部分，植物，单一实体如土、火、气、水等无机物，这些事物的特征是其自身内部有一个运动和静止的根源；而另一类事物：如床、衣服，就其作为技艺制品的本性来说，没有内在的运动根源，它们是由于外在的原因变化或静止的。变化总是涉及事物获得新的形式，所以我们可以就变化的过程提出几个问题，即：它是什么？它是用什么做成的？它是被什么造成的？它是为什么目的而做的？对于这些问题的四种回答，代表了亚里士多德的四种原因，也就是“四因说”。虽然如今人们使用的“原因”这个词主要是指先于一个结果的事物，但在亚里士多德那里，它是指一种解释。他的“四因说”代表了对于一切事物进行总体解释的具有广泛效力的原型或结构。

亚里士多德认为科学探索就是对事物原因的探索，这些原因存在四种不同的类别：质料因、形式因、动力因和目的因。

(1) 质料因，即事物所产生，并在事物内部始终存在着的基础质料，质料是运动变化中始终存在着的因素。举例而言，形成一尊大理石雕像的大理石等原料便是质料因。

(2) 形式因，即事物的本质和内在结构，是一个事物之所以成为该事物的根本原因，也可以理解为构成事物的样式和原型。例如雕塑一尊大理石雕像的草稿或设计图就是其形式因。

(3) 动力因，即推动质料变成形式的力量。如出主意的人是事情的动力因，父亲是孩子的动力因。一般来说，制造者是被制造者的动力因，使动者是被动者的动力因。在上述的例子中，将大理石雕刻为雕像的艺术家就是动力因。

(4) 目的因，即事物产生和运动变化所追求的目的。一尊完成了的大理石雕像就是艺术家的目的因。

亚里士多德又进一步认为，在四种原因中，后三者常常可以合而为一，因为形式和目的是统一的，而运动变化的根源又和这两者是同种的。这样，亚里士多德就把他的“四因说”归结为质料因和形式因两大原因。其中，质料是被动的，本身不具有促使事物运动变化的力量；形式则蕴含了事物存在、发展、变化的动力和目的的力量。所以，质料只是形成事物存在的基础，形式才是事物存在和变化的决定性原因。质料只有在形式的推动下，并以形式为其目的时，才会由潜能变成现实。“四因说”是亚里士多德对古希腊早期自然哲学四大学派及随后思想发展的一种独到的概括和总结，是一种全新的提炼和升华。四大学派及其思想指的是：第一，毕达哥拉斯学派的“数”和柏拉图的“理念”；第二，以泰勒斯为首的米利都学派和德谟克利特的“原子论”；第三，赫拉克利特的“火”和恩培多克勒的“爱憎说”；第四，巴门尼德的“存在”和阿那克萨戈拉的“理性”。这些学派及其思想刚好构成亚里士多德“四因说”的四大主要来源。

亚里士多德在《形而上学》中写道：“本性从属于作为潜能的同一类别；因为它是内在于事物自身的运动原则。”创立“四因说”的首要目的是对柏拉图的“理念论”进行批判，摈弃柏拉图在官能世界之外寻找世界因果关系的做法，指出本质存在于事物的内部。因此，这种亚里士多德的本质或形式，即为“目的因”或“形式因”。现代有一种叫“形式主义”的说法，它的“形式”是事物的外壳，是一个静止的、僵硬的东西，那不是亚里士多德的充满活力的形式因，而是接近于柏拉图的理念论。

亚里士多德虽是柏拉图的学生，但却抛弃了老师所坚持的“理念论”观点。柏拉图的理念论散见于他的各篇对话中，是他穷毕生之力钻研的成果，也是他一切哲学的核心。柏拉图认为理念是实物的原型，不依赖于实物独立存在。依照理念论，世间的万事万物都有一个代表其同类事物的“原型”存在，即所谓的“理念”。理念的世界是真实的存在，永恒不变，而人类感官所接触到的这个现实的世界，只不过是理念世界的微弱的影子，它由现象所组成，而每种现象是因时空等因素而表现出暂时变动等特征。中国北宋时，有几个和尚看到旗子被风吹动，一个说“这是风动”，另一个说“这是旗动”，第三个说“这是心动”。柏拉图和第三个和尚的观点就是唯心主义。因为他们都强调精神决定物质，用主观想象代替所谓的客观实际，也就不一定需要正确地认识世界，更不一定需要有效地改造世界。举例而言：一个人饿了，就要吃东西，而吃东西这个行为在该理念下可以作为思想和感知波动的一种主观或所谓客观的体现。

亚里士多德则认为世界乃是由各种本身的形式与质料和谐一致的事物所组成的。“质料”是事物组成的材料，“形式”则是每一件事物的个别特征。就像是现在有一只鼓翅乱飞的鸡，这只鸡的“形式”是它会鼓翅、会咕咕叫、会下蛋等。当这只鸡死时，“形式”也就不再存在，唯一剩下的就是鸡的物质。对柏拉图断言感觉不可能是真实知识的源泉，而亚里士多德却认为知识起源于感觉。这些思想已经包含了一些唯物主义的因素。亚里士多德和柏拉图一样，认为理性方案和目的是一切自然过程的指导原理，可是亚里士多德对因果性的看法比柏拉图的更为丰富。亚里士多德本人看中的是物体的形式因和目的因，他相信形式因蕴藏在一切自然物体和作用之内，开始这些形式因是潜伏着的，但是物体或者生物一旦有了发展，这些形式因就显露出来了。最后，物体或者生物达到完成阶段，其制成品就被用来实现原来设计的目的，即为目的因服务。他还认为，在具体事物中，没有无质料的形式，也没有无形式的质料，质料与形式的结合过程，就是潜能转化为现实的运动。这一理论表现出自发的辩证法的思想。亚里士多德在哲学上最大的贡献在于创立了形式逻辑这一重要分支学科。逻辑思维是亚里士多德在众多领域建树卓越的支柱，这种思维方式自始至终贯穿于他的研究、统计和思考之中。

第一推动者

现今的人们，当听到“第一推动者”（又译为“第一推动力”）这个名词时，首先可能会想到的是牛顿的“上帝的第一推动力”，而不是亚里士多德所描述的“第一推动者”。事实上，在《形而上学》第十二卷中，亚里士多德已对此作了表述。他关于运动的定义是：从运动到静止或者从静止到运动的变化，既然是变化，肯定是在外力的推动下完成的。因此，任何运动，后面肯定有一个推动者，没有推动者，物体不会自行运动。既然如此，就必然存在一个推动其他物体而自身却不被推动的“不动者”，如果它再被推动，其后面还会有一个推动者。这样一来，必然会陷入无穷倒退的局面。所以，亚里士多德称自身不动的永恒的动因为“第一推动者”，也称为“不动的动者”。

那么，“第一推动者”究竟是什么呢？亚里士多德认为，这就是愿望的对象和理性的对象。愿望是以好的东西，即“善”作为自己的目的，而真正好的东西，真正的“善”，只有理性才能认识到，所以愿望的对象和理性的对象基本上是相同的。但是愿望与理性比较，愿望应该服从理性，不能反过来。理性高于愿望，愿望应遵循理性。亚里士多德强调的是理性，理性是出发点，是由它的对象运动的，而理性的对象就是事物运动所要达到的目的。因此，亚里士多德的“第一推动者”，实际上就是事物要达到的目的，借用亚里士多德《形而上学》的结尾，“众人统治不佳，当让一人统治”，这里的“一人”，指的就是善、理性或者“神”。亚里士多德所说的“神”，不是宗教的人格神，而是理性的神。古代希腊哲学从赫拉克利特和爱利亚学派开始，就产生了将宗教神改变为理性神的思想倾向。这种理性神的思想在柏拉图或更早的思想家那里就有了，但亚里士多德第一个用哲学的语言加以概括，说明神——理性的内容。因此，这个“神”不具备宗教神明的那些属性，除了善、美之外，再想去追求别的东西，就会有损于神的完美性了。亚里士多德以极其虔诚的口气描述了“第一推动者”的活动：

> “天和自然世界是信赖于这种本原的。它过着我们只能在短暂时间中体验到的最美好的生活。它永远在这种状态中（这对我们则不可能），它的现实性就是快乐。思想本身考虑那种就其自身为最善的东西……如若神总是处于我们只能须臾享受的美好状态，那就会使我们惊异；如若处于一种更好的状态，那就是更大的惊奇。神是在一种更好的状态中，生命属于神；因为思想的现实性就是生命，而神就是那种现实性。

“神是第一推动者”的思想，在亚里士多德哲学中最具有神秘主义色彩。中世纪经院哲学家主要利用亚里士多德的这部分思想宣扬宗教神学；后来西方许多唯心主义者也竭力宣扬亚里士多德的这部分思想。牛顿在研究万有引力时，遇到的最大困难就是力的源头是什么，最后他得出结论：上帝就是力的源头，是原动力，是第一推动力。因此，是牛顿让“第一推动者”成了“上帝”的代名词。他说“上帝统治万物，我们是他的仆人而敬畏他、崇拜他”。以下这段《形而上学》中的话，一向被看作最经典的亚里士多德主义和基督教神学合流的经典论据之一：

> 如果神永远在思辨之中，而我们则只是偶尔思辨，思辨的形式便毫无限制可言，思辨对于我们只是个别的情况，而神却是具有普遍的共性，而且是永恒的思维自身；由此思辨得越多，便越觉得上帝神性的伟大，越觉得应当全身心地赞美；当神以思维的形式存在时，神的生命就在于思维当中，是最美好和永远常在的生命，他没有大小、多少 、长短等一切定位现实世界的形式。他们比之表象体系更善于表现这个世界。从某种角度讲，他们是“任意”的，当被偶尔卷入传统或是世俗，仅仅是因为我们有幸把其当作一个思考的对象——神的形象，无论多么具体都是任意的，因为这只是对他的美的猜测而已。

但是，我们要知道，作为哲学家的亚里士多德，他的“第一推动者”始终指的是善、理性或者“神”。亚里士多德是坚定的“神学一元论者”。他的神学可以简单概括为以下几点。第一，理性是永恒的，没有生成和消灭，是永恒的运动。它是万物运动的原因，通常说它是“不动的动者”，即是说它永远是主动地推动万物运动的动者，而不是被别的东西推动的被动者，所以准确地应该说它是“永不被动的推动者”。第二，这样的理性只能以自身为对象，因为它所想的乃是纯粹的形式和本质，是完全的现实性，不带有质料和潜能的，所以理性只能以自身为对象。黑格尔说：“神是纯粹的活动性，是那自在自为的东西，神不需要任何质料——再没有比这个更高的唯心论了。”理性只能以理性的思想为对象，排除掉一切物质性的东西，当然是纯粹的唯心论。第三，理性既以自身为对象，也以自身为目的。因为理性是最好、最尊贵的，没有比它更高、更好的东西了。它是善和至善，所以是思想和愿望的对象，也就是万物追求的最后目的。理性既是动因，又是目的因。第四，亚里士多德认为永恒的运动只能是圆形的运动，因为它是永远不会停息的，天上的日月星辰进行的就是这种永恒的圆形运动。所以正是理性神通过天体的圆形运动推动了万物，成为万物的动因和目的因。第五，亚里士多德一再批评柏拉图的相论，他认为柏拉图将“相”和具体事物分离了；而他自己一贯主张形式只能在具体事物之中，并不是独立分离的。

实体学说

正如巴门尼德使“存在”成为哲学中一个主导性概念一样，亚里士多德使得“实体”成为一个极其重要的哲学词汇。《形而上学》中有个著名的论断：那个很久以前直至如今一直在被追问却永远令人疑惑的问题“存在是什么”，不过是在问“实体是什么”。“实体”是亚里士多德哲学的核心范畴，“实体学说”是亚里士多德哲学的基本内容。可以说，亚里士多德哲学主要就是讨论“实体”的理论。亚里士多德的“实体学说”，与巴门尼德的“真实不变的‘存在’”、苏格拉底的“只有一般的‘善行’才是真实的”、柏拉图的“理念论”，以及赫拉克利特的“逻各斯”等理论都有一定的渊源，是在对这些理论继承和批判的基础上才形成的。

在《范畴篇》中，亚里士多德对“实体”下了个基本的定义：“实体，在最严格、最原始、最根本的意义上说，是既不述说一个主体，也不依存于一个主体的东西。”也就是说，“实体”作为哲学的最基本范畴，是第一性的和独立存在的，一切其他范畴都必须依附于实体而存在。我们知道，早在古希腊哲学发展初期，“实体”就已经被提出来了，只不过到了亚里士多德时，才开始对这个范畴第一次作系统、深刻的研究和探讨。从对实体数目的了解来看，有的哲学家主张“实体”是一个，有的哲学家主张是几个，有的哲学家则认为“实体”数目无限。总体来看，这些观点主要分成两派：一派称“实体”为单纯物，例如米利都学派和赫拉克利特等哲学家就是如此，他们认为实体就是水、气、火等；另一派称“实体”为一般概念，例如毕达哥拉斯学派认为实体就是数或者点、线、面等。亚里士多德在总结前人的“实体”范畴的基础上，提出了自己关于“实体”这个问题的答案。他认为实体有以下四个特点：第一，实体是具体的、个别的东西；第二，实体是没有与之相反的东西的，即无属性；第三，实体没有程度上的差别，即不可比性；第四，实体是“变中之不变”。实质上，亚里士多德“实体”范畴的提出，是对世界的统一性问题的探索。

亚里士多德说：“实体有第一实体、第二实体之分。”第一实体是指客观存在的个别事物，例如某一个具体的人、某匹马或者某只蜜蜂等等；第二实体则是指第一实体的属或种，例如“人”“动物”就是指个别具体事物所从属的属或种。“第一实体是其他一切东西的基础，而其他一切东西或者被用来述说第一实体，或者存在于第一实体里面”；“如果没有第一实体存在，那就不可能有其他东西存在”。在第二实体中，越接近第一实体，其实体性就越多。例如，在描述一个人时，说他是“人”比说他是“动物”更接近个别人，因为“人”这个种，比“动物”这个属在更大程度上、更多地指出了个别人的特性。所以，第一实体和第二实体的关系，就是个别和一般的关系，第二实体依赖于第一实体而存在。如果没有个别的人或物的存在，也就没有“人”这个“属”和“动物”这个“种”。

同时，只有第二实体的“属”和“种”，才能更恰当地说明第一实体是什么。

亚里士多德关于第一实体的思想是唯物主义的，他运用“实体”概念来概括一切特殊具体事物的共同本质是客观独立的存在，这表明他在寻求物质的一般概念。在这种思想指导下，亚里士多德把第一实体和第二实体区分开来，认为“种”“属”等东西是一种共相，是不能离开个体事物而独立存在的。因此，第二实体是后于第一实体的。在这里，他从唯物主义的观点来处理个别与一般的关系。一般的东西存在于个别事物之中，不能独立于个别事物而存在。同时，亚里士多德的“实体学说”也包含了一些辩证法思想。他认为作为实体本身是不变的，但是实体的性质可以变化。例如：一个人可以有时白，有时黑；有时冷，有时热；有时好，有时坏；等等。实体之所以会发生这种相反性质的变化，是由于一个实体在自身里面包含着相反的东西，比如一个人本身就存在健康和疾病，黑和白，好和坏。而且他还认为，通过实体变化过程，可以使先前白的现在变成黑的，先前热的变成冷的，先前好的变成坏的，等等。亚里士多德把实体的变化看成是由对立东西中的一方变成另一方，而不能发生在互相并不对立的事物之中，例如白能变成黑，但声音不能变成白，因为声音和白不是互相对立的东西。因此，亚里士多德不仅把“实体”同事物的运动变化直接联系起来，而且从“实体”的变化中，多少看到了对立面的双方可以互相转化的道理。

“实体学说”是亚里士多德一切哲学学说的中心，这一学说的提出对整个西方哲学的发展具有标志性的示范意义。亚里士多德对“实体”本性的确立，从基本方向上奠定了西方传统哲学的理论主旨。大体来说，亚里士多德的实体学说可分为三类：物质实体，它包括质料实体以及由质料与形式组合而成的综合实体；精神实体，即外在于人的神实体；“纯形式”实体，这一实体可以看作亚里士多德的潜在“自我实体”，这一实体在近代笛卡儿“我思故我在”中获得了明证性。亚里士多德的“三实体”理论在后世的哲学发展中在不同程度上以不同形式显现着。同时，亚里士多德对综合“实体”规定的理解在深层根基上，以哲学的方式揭示了哲学内在所蕴含的人性基础。亚里士多德的综合实体是由质料与形式构成的实体。质料是经验可感知的，形式是超验的，因此，综合实体是经验要素与超验要素的统一体。哲学的世界是一种活生生的世界，这种活生生源于人是一种活生生的存在，是一种不断自我超越的存在。这种超越性表现在人不断变更自己的世界图景，他生活在一个“有形”的世界，而向往着一个“无形”的世界，并希望通过实践方式把一个“有形”的世界变成一个“无形”，同时又把一个“无形”的世界“有形化”。所以，只要有人存在，人的形而上的本性决定着人对形而上学的追求就不会消失，因此，海德格尔说：形而上学的追求是人所固有的本性。可是，我们发现，亚里士多德的这部分“实体学说”却也明显存在着相互矛盾与冲突的思想。首先，他错误地认为质料是“潜在实体”，只有形式才是“现实实体”，他把“形式”看成是实体的最根本的对象。其次，在对于第二实体的理解上，他虽然承认第一实体是一切对象的基础，第二实体离不开第一实体单独存在，但有时又认为第二实体可以脱离第一实体而独立自存，有时他甚至提出第二实体比第一实体更实在，更应该称为“实体”，这样他实际上又把第一实体和第二实体割裂开来了。

第 6 章

《工具论》："三段论"为核心的逻辑学

逻辑学说的形成

亚里士多德在历史上最为著名、影响最大的是逻辑学说，该学说被康德定名为"形式逻辑"。直到现在，人们依然公认亚里士多德是逻辑史上第一位形式逻辑学家，也是第一位逻辑类型的创立者，他使得形式逻辑成了一门专门研究人的思维形式和规律的独立科学。对于他的巨大贡献，人们有目共睹。黑格尔赞叹说："从亚里士多德以来，逻辑学未曾有过任何进展。亚里士多德所给予我们的这些形式，一部分是关于概念的，一部分是关于判断的，一部分是关于推理的——它是一种至今还被维持着的学说，并且以后也并没有获得什么科学的发挥……这个逻辑学乃是一部给予它的创立人的深刻思想和抽象能力以最高荣誉的作品。"罗素充分肯定道："亚里士多德的影响在许多不同的领域里都非常之大，但以在逻辑方面为最大。在古代末期当柏拉图在形而上学方面享有至高无上的地位时，亚里士多德已经在逻辑方面是公认的权威了，并且在整个中世纪他都始终保持着这种地位。到了13世纪，基督教哲学又在形而上学的领域中也把他奉为是至高无上的。文艺复兴以后，这种至高无上的地位大部分是丧失了，但在逻辑上他仍然保持着至高无上的地位。”即使谴责亚里士多德为“古代最大的光荣谬误制造者”的卡尔·波普尔，也不得不承认：“至今没有任何一个逻辑学家可以和亚里士多德相提并论，他被称之为‘逻辑学之父’是当之无愧的。”

亚里士多德的逻辑学，在逻辑史上被称为古典的或传统的形式逻辑（如前所说，“形式逻辑”这一称呼是康德提出的）或古典的演绎逻辑。这一逻辑学说的建立具有开创性的贡献，标志着希腊科学理性精神的升华。它第一次全面、系统地论述了传统形式逻辑，并提出了“范畴”“命题”“三段证明”和“谬误”等一系列重要论述和思想。对此，就连亚里士多德本人也曾在《辩谬篇》末尾自豪而谦逊地声称：他所建立的关于推理的学说，是一种困难的“开端”，效果将很巨大，它“以前根本不曾有过”，“我们完全没有任何早期的作品可以借鉴，而长期进行着试验性研究”并取得了比较令人满意的成果。但同时他也指出：前人已有的逻辑思想研究成果，是他学说的重要思想来源之一。从第欧根尼·拉尔修记载的亚里士多德的著作目录来看，亚里士多德写过不少诸如论定义、论划分等专题论文，可见他是对前人已有的逻辑思想研究成果先作专题研究，集其大成，而后才建立自己的系统逻辑理论的。

我们知道，亚里士多德的知识分类包括理论知识、实践知识和创制知识三大类，没有单列出逻辑学在知识系统中的地位。后世学者们根据这一点，在亚里士多德逻辑学说的属性问题上有了分歧：有的认为逻辑学是哲学的“工具”，它不是哲学和科学的研究对象；有的则主张逻辑学是哲学的一个有机组成部分，同数学和自然科学相并列。实际上，逻辑学既是哲学的一个部分，又是它的工具，只不过这个工具不只具有技术性特征，还具有思想性特征。亚里士多德指出，哲学家也要研究“在数学中称作公理的东西”或“演绎的第一原则”，“因为它们属于一切存在着的事物，而不专门属于某些与其他事物相分离的特殊种类的事物”。他主张逻辑学家“具有和哲学家相同的面目”。或者说，逻辑学由于是一门完全普遍的科学，因而应当归入形而上学或神学，但亚里士多德又补充说，虽然如此，逻辑学仍然是一个独立的专业。

亚里士多德一生中写过许多逻辑著作，包括《范畴篇》《解释篇》《前分析篇》《后分析篇》《论题篇》及其附录《辩谬篇》共六篇。这些论著似乎是后人按照概念、命题、推理、证明、论辩（论证与反驳）的逻辑主题顺序排列的，它们是亚里士多德在哲学思想趋向成熟时期完成的，它们辑成一书，总称为《工具论》。《工具论》主要讨论了命题、范畴、三段论等问题，阐述了证明、定义、演绎等方法，为形式逻辑奠定了基础，对这门科学的发展具有深远的影响。

《范畴篇》是最早写的一篇，共十五章，内容主要涉及对相、种、存在的各种范畴和本质的规定。它们被用来描述一般性质的具有普遍意义的概念，可以用来对现存物质世界进行分类，述说其本质性。这是与亚里士多德理论体系中的实体论相联系的，也曾经出现在他的《形而上学》中。《解释篇》（又译作《命题篇》），共十四章，主要讨论了命题的构成和真假值、命题的各种形式以及各命题之间的逻辑关系；对实然命题和模态命题中的逻辑关系以及模态命题的哲学根据都作了细致的考察。这篇著作为亚里士多德建立三段论学说作了准备，可以说命题的解释本身也是三段论学说的先导部分。《前分析篇》

和《后分析篇》一般被看作亚里士多德臻于成熟的逻辑理论。前一篇是亚里士多德最主要的具有代表性的逻辑著作，从形式化角度详致研讨推理的形式结构，构建了一种系统的三段论学说，这是同他的语义分析的逻辑相对应的另一层面的逻辑理论；后一篇则是运用三段论学说，研讨证明的科学知识的建构，亚里士多德认为科学知识就是一种借助于证明而获得的知识，而这种证明就是科学证明或科学推理。《论题篇》共八卷，八十三章，主要讨论辩论中证明的方式和方法。这篇著作是《工具论》中分量最重的一部。该书开头指出："本著作是为了使人们认识到怎样根据一般所能接受的意见，对于向我们提出的问题加以辩论，并且遇到反驳时不自相矛盾。"实质上，它是在研究论辩中构建了一种独特的语义分析的逻辑理论，不仅在论述哲学范畴方面比《范畴篇》有进展，更切合建立逻辑学的需要，而且形成了"四谓词"说。十范畴加四谓词，成为他研究论辩推理、建立语义分析逻辑理论的纲目。《辩谬篇》共三十四章，一般认为是《论题篇》的附录或者说是它的第九卷。该书原名是"智者的反驳"，主要讨论对智者的诡辩式的反驳，从语言和逻辑方面严谨地剖示这类诡辩是谬误的论证，深刻揭示其错误的根源，并论述了克服种种谬误论证的方法。

在现今形式逻辑和辩证逻辑相继迅速发展的情势下，创立于两千多年前的亚里士多德逻辑学说有时难免会显得僵死和古板，然而我们不能因此就否定它的历史功绩。黑格尔在其论著中一再地肯定亚里士多德逻辑学说的优势，尽管"显然里面存在着一些在今天已经被验证是错误的东西，但却几乎依然凌驾于所有时代的逻辑作品之上，表现着一种精辟和朴素的逻辑美感"。

范畴：主词和谓词

亚里士多德的范畴学说是亚里士多德思想的开始之处，也是贯穿始终的重要问题。亚里士多德首先讨论了语言的形式，他将语言的类别分为简单和复合两种，前者是单独词项，如“人”“奔跑”，它们本身并没有肯定或否定、真或假的意义；后者是不同词项结合，形成语句，如“人奔跑”，可构成肯定命题或否定命题，有真或假之分。简单的语言本身就存在于事物之中，是事物主体但非个体的性质之一；复合的语言是独立于事物主体之外的主观加以联系的关系。一切非复合词可归结为属于十个范畴，同它们相应的东西，就有十类：实体，如人、马；数量，如四尺、五尺；性质（质料），如白的、懂语法的；关系，如二倍、一半、大于；位置，如在吕克昂，在市场；时间，如昨天、去年；状况（状态），如躺着、坐着；属有，如穿鞋的、武装的；动作，如切割、烧灼；承受（遭受），如被割、被烧。这十个范畴所表示的并不仅仅是十个名称、十个表达，而是对事物的十个分类。

这一分类思想，解释了我们对事物的思考方式。只要我们想到某个特殊的对象，我们就会想到一个主词和它的谓词，即有了主词（实体）便总是会有与之相关的谓词（范畴），也就是，想到了某个实体和它的偶性。我们思考“人”这个词，可以将“高”和“有能力”这样一些谓词和它联系起来。“人”这个词在这里是一个实体，那么也就存在着九种能与之相关联的范畴（就是谓词），即我们前面提到数量、性质（质料）、关系、位置、时间、状况（状态）、属有、动作和承受（遭受）。

亚里士多德正是通过对不同事物的分类来获得他的范畴表的。这些范畴代表了对科学知识所使用的概念进行的分类。我们在思考时按照这些范畴对事物加以整理，把这些范畴分为属、种和个体事物，个体事物是种中的一员，而这个种又是与属相关的。进而，亚里士多德指出事物是由于它们自身的本性而从属于各种类别的，我们之所以将它们认作一个种或属的成员，是因为它们的确是那样的。亚里士多德之前的希腊哲学家在探索世界本原时，或是将它归结为某种或某些物质性元素，或是归结为某种抽象的原理，都难以真实解释现实世界。而亚里士多德与他们皆不同，他尊重经验事实，认为哲学的任务是要说明和解释现实的世界，所以应该从现实的具体事物出发，不能从抽象的原理出发，因此他明确认为具体的个别事物才是“第一实体”，抽象的“种”和“属”只能是“第二实体”。由于“第一实体”是其他一切事物的载体，所以，“第一实体”乃是在最严格意义上的实体。

亚里士多德在提出十个范畴之前，对事物的分类一共有四种。第一种，有些事物可以用来述说一个主体，但并不依存于一个主体。例如，“人”能述说某一个别的人这一主体，但并不存在于这一主体之中。第二种，有些事物依存于一个主体之中，但并不能述说一个主体。例如，颜色“白”“黄”存在于“事物”这一主体中，但并不能述说一个主体的本质特征，只能作为属性的描述。第三种，有些事物既可以用来述说一个主体，而且还存在于一个主体之中。例如，“知识”既存在于“心灵”这个主体中，而且还述说“语法”这个主体。第四种，有些事物既不存在于一个主体之中，又不可以用来述说一个主体。比如某一个别的人和个别的物，这样的事物既不存在于一个主体之中，也不述说一个主体。

这里，亚里士多德又对“依存于一个主体之中”的含义进行了一番解释。他说其确切含义不是指部分存在于整体中那样存在，而是指“离开了主体它便不能存在”。换而言之，所谓“依存”于一个主体，指它只是主体的某方面属性，由某个或某种载体或基质所规定、所表现；所谓“不依存”于一个主体，指它自身就是主体，是独立自在的实体（包括作为第一实体的个体事物和作为第二实体的种与属），它拥有或派生其属性。比如，我们说“勇气在苏格拉底身上”。按照亚里士多德的解释，可以这么理解，勇气不是苏格拉底的一个部分，但是苏格拉底的勇气不能离开苏格拉底单独存在。“述说一个主体”，在亚里士多德看来，是用某个事物的种和属的事物来说明它。无论是这个要说明的事物，还是它的种和属，都是实际存在的事物，而不仅仅是语言表达和名称。《范畴篇》中，亚里士多德这样说道：“如果某个事物述说一个主体，那么无论它的名称还是它的定义都必然述谓这个主体。例如，人述说一个主体，一个个别的人，人的名称和定义也将述谓这个个别的人。”由此我们可以确定，对一个主体进行述说的，指的是一个事物。因此，亚里士多德在“依存于一个主体之中”和“述说一个主体”这两个表达中所说的，首先都是指事物，而不是指名称或表达。他对范畴进行的论述，也是对事物及其存在进行的说明。

亚里士多德在建构实体的诸多范畴时，运用的多义性分析方法之一，就是区别了“同名异义”和“同名同义”。《范畴篇》开头就指出：“当一些事物有一个共同名称，而相应于名称的事物的定义是不同的，它们被称为同名异义。”例如一个人和一幅人物肖像，就“人”而言，两者都可称为“动物”，而要说明一个现实的人和人的肖像画是什么，就要用不同的定义，它们分属两种不同的存在。“同名同义”则指一些事物不仅可有共同名称，而且和名称相应的事物的定义也相同，如人和牛都可称为“动物”，也都可用“动物”来定义他们。实际上，亚里士多德所意指的是世界上的事物属性，以此来辨识它们的异质性和同质性。同名异义词与同名同义词之间的差异在于：同名异义的事物只是名称共用，而同义的事物不仅名称相同，而且定义共用。我们说，同名异义和同名同义的意义分析，对于亚里士多德在《论题篇》中根据哲学范畴和逻辑范畴的意义分析建立一种独特的语义分析逻辑，以及在《解释篇》和《前分析篇》中基于语义分析建立形式化的命题和推理学说，都是相当重要的分析方法。

亚里士多德之所以重视对范畴的研究，是因为他在一定程度上隐隐约约地看到了范畴在认识论上的意义和作用。从他对具体范畴的论述中也可以看到，他把范畴看作人们认识世界的一种逻辑工具。应当说，亚里士多德的范畴学说对后世的哲学、自然科学都产生了重大影响，康德、黑格尔都是在亚里士多德范畴学说基础之上。建立了自己的范畴体系的。对于亚里士多德的博大精深，黑格尔高度地赞扬他“深入到了现实宇宙的整个范围和各个方面，并把它们的森罗万象隶属于概念之下；大部分哲学科学的划分和产生，都应当归功于他。当他把科学这样地分成为一定概念的一系列理智范畴的时候，亚里士多德的哲学同时也包含着最深刻的思辨的概念。没有人像他那样渊博而富于思辨”。

三段论

亚里士多德在逻辑学上最重要的工作，就是在《前分析篇》中提出了著名的三段论学说，他的逻辑系统也是以三段论为核心基础的。《前分析篇》有两卷。第一卷有四十六章，论述三段论的对象与词项构成，三段论的格式及其推论规则，以及在实际运用中构造三段论应遵循的哲学与逻辑原则。第二卷有二十七章，补充论述关于前提与结论的真假值的判定，以及三段论在证明和反驳中的运用。我们说亚里士多德提出三段论的主要目的，就是《工具论》的终极目的，旨在通过研究证明即产生科学知识的三段论，为《后分析篇》探究建构科学理论奠立坚实的逻辑基础。亚里士多德本人是这样给三段论下定义的："三段论是一种论证，其中陈述了一些确定的东西，另一些异于它们的东西必须从它们之如此所是而推出，这种推出不需要其他词项可使结论成为必然。"一个三段论就是一个包括大前提、小前提和结论三个部分的论证。典型的例子是：

大前提　所有的人都是要死的。

小前提　所有的希腊人都是人。

结　论　因此所有的希腊人都是要死的。

前两个陈述是前提，它们是第三个陈述的依据，而第三个陈述是结论，结论必然从前提中推出来。三段论式中，从一般得出个别，是演绎推理。归纳是由个别的经验事实推演出来一般命题。亚里士多德的三段论属于一种演绎推理，不同于归纳推理，它具有更强的说服力。在说明这种关系时，亚里士多德诉诸论证的特征，这些论证是从相关陈述的内容中抽象出来的。直到19世纪，哲学家们还一直相信，亚里士多德对三段论的解释已经把逻辑学要谈的内容囊括无余了。

"三段论"在希腊文中其词源意义为"计算"，在柏拉图著作中它已有推理的含义，《论题篇》和《辩谬篇》中所有此词也指推理，因此现代有些逻辑学家也将它译为"推理"。上述所例举的三段论包含三个直言式语句，每一语句被亚里士多德称之为“命题”，一个命题就是依照其逻辑特征进行考察的语句。其中第三个命题，即以“因此”开头的那一句，被亚里士多德称之为三段论的“结论”，其他两个命题，我们可以称其为“前提”。结论中的主词叫作“小项”，如“所有的希腊人”；结论中的谓词叫作“大项”，如“都是要死的”；两个前提中共有的项叫作“中项”，如“人”。在三段论中，含有大项的前提叫“大前提”，如“所有的人都是要死的”；含有小项的前提叫“小前提”，如“所有的希腊人都是人”。

上述的三个命题均以“所有”一词开头，这些命题在亚里士多德那里叫作“全称命题”。它们不是全称命题的唯一种类，同属于全称命题的还有“所有的希腊人都是不死的”这种表述形式；前一种全称命题是全称肯定命题，后一种全称命题是全称否定命题。与全称命题形成对比的是特称命题，譬如“有些希腊人留胡须”（特称肯定）或“有些希腊人不留胡须”（特称否定）。亚里士多德指出，在所有各类命题里，一个词是另一个词的谓词，根据陈述中有无否定指号，来决定这些陈述是肯定还是否定。亚里士多德规定三段论中的前提只有三类命题：全称命题、特称命题和不定命题。不定命题以不定名词为主词，是主词没有量化的命题，这类命题在三段论中不重要，只能当作特殊命题使用。因此，实际上在亚里士多德的三段论学说中，作为前提与结论的命题只有四种形式：全称肯定、全称否定、特称肯定、特称否定。全称肯定，是指完全肯定某种事物的某方面；全称否定，是指完全否定某种事物的某方面；特称肯定，指肯定某类型中某些事物的某个特征；特称否定，指否定某类型中某些事物的某个特征。同时，命题还有各种不同的语气：“每个命题表达的或者是某物具有，或者是某物必然具有，或者是某物可能具有。”这三种语气或“模态”分别被称为“断言”“绝对”和“模糊”。

除了创立这些专门术语外，亚里士多德在人类历史上第一次用符号来表示上述这个三段论中的具体名词。因为这些逻辑并不关心这些名词所表达的内容，它关心的是这个例子中体现的语言逻辑结构。他用 A 来表示“要死的”，用 B 来表示“人”，用 C 来表示“希腊人”，于是便得到下面的形式：

大前提　所有的 B 是 A。

小前提　所有的 C 是 B。

结　论　因此所有的 C 是 A。

形式符号的引入使得语言逻辑的研究成为形式逻辑。亚里士多德运用抽象符号来研讨语言的逻辑结构，这一创举让他成了形式逻辑真正的奠基人。现在，逻辑学家对这一运用十分熟悉，可以不假思索地进行应用，他们或许已忘记这样的发明在当时是多么了不起。形式符号的使用表明了一个三段论的推导过程与该推论中所涉及事物本身的具体内容是无关的。三段论结构是独立于具体事物的，正确的结论取决于命题的结构形式和它们结合。在使用字母或符号的地方，人们可以任意代入任何具体词，即用这形式去“格”任何事物。

亚里士多德三段论的逻辑必然性是依据“中项”的传递性而实现的。三段论的格式就是根据上述逻辑必然性所概括出来的普遍有效的推理形式结构，符合这些格式，只要前提真，得出的结论也必然为真。这里“中项”在两个前提中的位置相当重要，亚里士多德正是根据“中项”的位置，建立三段论的三个“格”：第一格，中项是大前提的主词、小前提的谓词；第二格，中项是两个前提的谓词；第三格，中项是两个前提的主词。亚里士多德在正式的形式讨论中没有对第四格作研究，没有单独提出第四格，但他的证明中使用了第四格。第四格中，中项是大前提的谓词、小前提的主词。亚里士多德主要关注的是第一格的三段论，他认为这是唯一“完善的”模式，是最根本的“初始格”，意思大概是说第一格的三段论在直觉上就是有效的，它们是不需要通过其他词项或转换来论证就可以必然成立的三段论式，而第二格和第三格是不完善的三段论式，缺少这一特征，它们都要通过转换成第一格才能获得论证而成立。上述除第四格之外的三格分别与全称肯定、全称否定、特称肯定、特称否定相结合，构成了逻辑三段论的格。可见，这些有效的三段论格式，是在以第一格作为自明公理的基础上，构成了一个比较严密的演绎推理系统。

即使是亚里士多德自己也对三段论理论的评价很高，并认为它是一切逻辑的基础。他断定：“每种证明、每种演绎推论必须凭借我们讨论过的三个格而进行。”换言之，每一个可能的演绎推理都可以被证明，是由亚里士多德所分析过的论点中的一种或多种依次排列构成的。实际上，亚里士多德是在断言他已创立了一套完整而完美的逻辑学。

四谓词和辩证法

亚里士多德在《论题篇》及其附录《辩谬篇》中，建立了“四谓词”与“辩证法”学说，这实际上是一种古代语义分析逻辑理论。在亚里士多德看来，一切论证的始点都是命题，推理由命题构成，又涉及问题，需要论证的命题就是问题，问题与命题只是表达方式上的不同。它们由主词和表达主词意义的谓词组成，谓词在陈述命题的意义中起着关键作用。亚里士多德以谓词对主词的关系为依据，把所有的谓词划分为四类，即“特性、定义、属和偶性”，这就是“四谓词”学说。谓词表述主词，也总是表述所是的东西。进而，亚里士多德运用哲学范畴与四谓词，作语词意义的逻辑分析，研究辩证推理，规范在论题讨论中正确的立论与驳论。这种逻辑就是他的“辩证法”，即运用正确推理探求意见和知识的方法，“因为它的本性就是考察，内含有通向一切探索方法的本原之路”。如此看来，《论题篇》和《辩谬篇》这两篇的基本内容就是研究亚里士多德的辩证法，即从语义分析方面研究论题的立论及驳论中的推理方法，用以探索意见和知识，辨明真理与谬误。

“四谓词”学说中，四类谓词是在所有谓词基础之上进行划分的。《范畴篇》中，亚里士多德总结出了十大范畴的谓词。因而，四谓词和十范畴在一定意义上是重合的，它们之间的区别仅在于：十范畴是对语词及其表达的所是的东西的分类，四谓词是对谓词表述主词（及其表示的东西）的意义的逻辑关系的分类。实际操作过程中，二者并不背离，而是相互配合，因为“事物的特性、定义和偶性总是这些范畴之一，通过这些谓词所形成的任何命题都或者表示事物的本质，或者表示它的性质、数量或其他某一个范畴”。也就是说，四谓词总是表述属于十范畴的所是，四谓词和十范畴在意义分析中是不可分割的，逻辑分类的四谓词，其具体意义总是表达属于某个范畴的所是的意义。

四谓词中“谓词对主词的关系”，即谓词是主词的特性、谓词是主词的定义、谓词是主词的属、谓词是主词的偶性。下面，我们就来分析一下这四类谓词的具体内涵如何。

特性，它与主词可以互换位置，虽不是主词所表示的事物的本质，但却为事物所专有。在“人是能学习语法的”这个命题中，“能学习语法”就是人所特有的属性。进而，亚里士多德又区别了四种特性：出于自身本性的特性；永久的特性，即主体存在的一切时间中都真实有效、并且不会消失的特性；同特定的其他东西相关的特性，它并不使这个东西区别于其他一切东西，而只使这个东西区别于某种特定的东西；暂时的特性，只在某些时间真实有效，并不必然地永久伴随主体事物。

定义，它与主词可以互换位置而且又是主词所表示的事物的本质。一个命题或判断，其谓词如果是表述对象的本质的，那它就是定义。正确的定义首先必须明白清楚；定义者比被定义者更明白、清楚；不应自身定义自身。下定义的方法有属加种差法。

属，它与主词不能互换位置但却是主词所表示的事物的本质中的成分。如在“人是动物”这个判断中，“动物”就是“人”这个概念的属。

偶性，它与主词既不能互换位置也不能是主词所表述的事物本质中的成分，它只是事物的暂时的或相对的属性，它的出现或消失并不改变事物的基质或本性。例如，某人掘园地种菜发现了宝藏，宝藏发现对掘园地者是偶性或机遇，它没有确定的原因发生。

在亚里士多德看来，辩证中的命题总是以“特性、定义、属和偶性”作为谓词的命题，从此出发，他探讨了辩论中的推理。

“辩证法”一词来源于古希腊文，原意是指在辩论中揭露对方议论中的矛盾并克服这些矛盾的方法，如今它已发展成为关于对立统一、斗争和运动、普遍联系和变化发展的哲学学说，是一种逻辑论证的形式。柏拉图和亚里士多德分别给后人留下了两个不同的辩证法传统，柏拉图把辩证法看作是认识

“理念”过程中由个别到一般、又由一般到个别的方法。他认为，借助于辩证法可以由个别理念上升到普遍理念，又从普遍理念回到个别理念，因此他把辩证法作为《理想国》中教育的最高阶段的内容。在古希腊哲学中，“辩证法”一词也较多见于柏拉图的著作中。而亚里士多德在批判柏拉图的“理念论”时，通过这种批判并在研究当时诸多科学的基础上，创立了以辩证命题、辩证推理和辩证论证为主要内容的辩证逻辑体系。他首次论述了一和多、整体和部分、个别和一般、质料和形式、潜能和现实等范畴之间的关系，其中包含有对立面相互联系和转化的辩证思想；阐明了各种范畴的流动性，认为把这些范畴视为固定不变的僵死对立的见解是站不住脚的，他还对运动进行分类；进而肯定了整个逻辑范畴都是在对立中发展的思想；等等。

亚里士多德多次强调他研究辩证的推理与论证，不是教人在意见争执中强辩取胜的论辩术，而是依循认知的阶梯，教人从普遍接受的意见出发，考察论题，作辩证的论证，审察真假，以求通达真理与知识。所以他说：“一个辩证的问题就是一个探讨的题目，它或者引人选择或避免，或者引人得到真理和知识，或者它自身就能解决问题，或者有助于解决其他问题。”据此，亚里士多德把辩证法分为两类：“一类是纯粹为了智力训练。别人提出一个论点时，尽量使其难驳，而你要想法去反驳。另一类是科学工作者的论辩。他们提出论题，不是为了让对手难以驳倒，而是让对手看不清论题隐含了什么结论。在这种讨论中，哲学家宁可将自己的论题提得很清楚、真切，使其中包含的结论尽量明显，使论题尽量接近结论。”

亚里士多德的辩证思维思想之所以贡献重大，主要是因为以下几个方面的独特体现。首先，它体现了变化和运动的思想。亚里士多德是古希腊详尽地论证了“运动”这个概念的哲学家，就具体事物来说，运动是有限的，有生有灭；就整个运动来说，是无限的，无生无灭。他认为有永动者也有不动者，有运动也有静止；不认同事物只有变动不息、没有一刻是保持相同情态。他把运动、变化看成是联系质料和形式、潜能和现实的中间环节，指出从质料到形式，从潜能到现实是一种变化过程，这个过程就是运动。其次，它体现了联系和相对性思想。亚里士多德认为有些概念只有从相互联系中才能理解和把握，只有与其他方面相比较才有意义。例如一和多的关系，事物在许多意义上都可以成为一，同样的，也在许多意义上能够成为多。我们总是从多去理解一，也总是在对一的关系上去把握多，一中有多，多中有一。再次，它体现了相反者可以转化的思想。亚里士多德认为，实体的突出标志就是存在相反者（即对立），而相反者的双方能够互相转化，大变小，小变大，好坏互变，善恶互移，他反复讲的“潜能”与“现实”这两个概念也是如此。亚里士多德认为潜能的真正对立面是现实，潜能意味着它能够实现的但还未变成现实，表明它与现实处于对立的统一关系之中。

我们说，亚里士多德的辩证法思想，有的较为明显，有的还只是萌芽，处于动摇之中。但无论如何，能在两千多年前就有这样的思维方式，已经是很卓越超群了。恩格斯说：“古希腊的哲学家都是天生的自发的辩证论者，他们中最博学的人物亚里士多德就已经研究了辩证思维的最主要形式。”因而，恩格斯把亚里士多德称为“古代世界的黑格尔”。

第 7 章

自然科学：探寻万物奥秘

物理学

亚里士多德的自然科学涉猎广泛，题材多样，他把这门学科的对象规定为研究独立存在的、可运动的存在。这意味着自然科学要研究一切自然事物，从天到地，从无机物到有机物，直至高级动物的心理现象都在其研究范围之内。亚里士多德在自然科学方面的重要著作有《物理学》《动物志》《动物四篇》《论灵魂》《论天》和《论生灭》等等。其中，《物理学》是最重要的一部自然科学著作，是他全部自然科学著述的总依据和出发点，主要反映了他的自然观和运动观，也讨论了时间、空间等范畴。运动观是全书的重点，他阐明了运动的本质和种类，论述了运动与事物、运动与时空、运动与静止、运动与变化、运动者与被运动者等的关系。亚里士多德的“物理学”与我们现今所理解的涉及力学、声学、电学、光学等内容的物理学远不是一回事，他的“物理学”更接近哲学理论，或者说就是哲学问题。

“物理学”是关于希腊人称为“自然”的科学。“自然”一词源于希腊词“产生”，自然而然，即是自己产生的东西。亚里士多德在《形而上学》第五卷曾这样解释这个词：“‘自然’的意思，其一是指生长着的事物的生成；其二是指生长着的事物所从出的内在的东西；其三是指天然物体原初运动之根源，它就在物体自身中；此外，‘自然’也指无形式的，不变的，但有此潜能的原初质料，即任何天然物体所从出并由之构成的东西。在这个意义上，人们也把天然物体的元素称为‘自然’；在另一个意义上人们又把天然物体的本体（形式）叫作‘自然’。”简言之，“自然是运动和变化的根源”。亚里士多德说，一件事物的“自然”（产生）就是它的目的，它正是为了这个目的而存在的，因而这个词又具有一种目的论的含义：如果某一事物不符合它自身的目的，那么它就会失去其存在，如有耳朵不能“听”，有眼睛不能“看”，那么这一动物就会成为一个畸形的怪物，无法生存下去。亚里士多德在《物理学》第二卷第八章中，引证恩培多克勒朴素的生物进化论观点：“……门牙必然长得尖锐以便易于撕咬，臼牙必然长得宽阔以便易于磨碎食物……同样的，相对于动物的其他部分，似乎也存在着某种目的。所以，当某一事物产生出来，就仿佛是为了某一目的而产生出来，并作为一种自动的结果而适当地构成其自身时，它就会幸存下来，而那些不适应的则灭亡了，并且将继续灭亡。”而那些符合它自身目的的自然事物，就会在其运动过程中，表现为“永远如此”或“通常如此”。

运动观是《物理学》的重要内容，它论述了万物运动变化的一般规律。“既然自然是运动和变化的根源，而我们这门学科所研究的又正是关于自然的问题，因此必须了解什么是运动。若不懂运动，也就断然无法了解自然。我们界定运动或由此及彼的动变时，必然借助相关的术语。首先要考虑的就是‘连续’，而同‘连续’相关的术语是‘无限’，因为在定义‘连续’时总要出现‘无限’这一词语。此外，因为空间、虚空和时间是运动的条件，而且是所有自然物普遍的共有的条件，所以我们必须逐一考察空间、虚空和时间，而特殊对象特有的属性则必须在考察共同属性之后。”亚里士多德所说的“运动”，指的是各种变化，他根据目的论的观点把运动定义为“可能性的实现”，并列举四种运动：实质性的运动，指物体的形成和不再存在，或者说是物体的生成和毁灭，这类变化发生在一座雕塑被竖立和被打碎的时候；数量上的运动，指物体靠增减而产生大小的变化；性质上的运动，指一物转化成另一物；位置上的运动，指场所的变化，这制约着所有其他的变化。同时，亚里士多德认为元素有五种：直接推动者、变化者、时间、变化所从出发者和变化所趋向者，它们可以相互转化，实体的混合构成新的实体。“潜能和现实”这一主题，被用于区分实际上是某某人（物）的事物和潜在地是某某人（物）的事物，也可以理解为“是一种尚未达到、而正在趋向目的的活动”。在物理学中，亚里士多德说：“运动乃是具有运动能力的事物的潜能的实现。”运动是从潜能到现实的过程，在这一过程中，运动始终是连续的、不间断的。一旦达到了现实的事物，运动的过程也就完成了，运动就是正在“变成现实的潜能”。例如，能够质变的作为能质变者的现实，就是性质变化；能够增加的以及它的反面——能够减少的现实，就是增加和减少；能够生成与毁灭的东西的现实，即是生成与毁灭；能够移动的东西的现实则为位移。这就是运动的含义。

亚里士多德认为自然事物的运动总是在时间和空间中进行的，空间和时间是运动的必要条件，原因是“若没有空间和时间，运动就不可能显现出来”。空间也叫作“地点”“场所”，是包围着物体的内部界限。空间不是物体，因为每个物体都有长、宽、高这三个方面，而空间却不具有这三种属性。由于具体的物体都有边界，所以空间是有限的。由此出发，他批判了把虚空作为原子运动原因的原子论者，指出“独立于物体上的空隙是不存在的，虚空也是不存在的。运动无须以虚空为条件。充实的事物可以有性质变化。作空间方面运动的事物可以互相提供空间”。谁都承认，任何事物都有一定的位置，而且最简单的运动——位移，就是在空间中的运动。亚里士多德说，如果没有外力的作用，每一种自然物体都趋向自己特有的空间。如“上”是火和较轻的物体的位置，“下”是土和较重的物体的位置。空间是一切物体所在的居所，是自然事物运动的前提，这些都是显而易见的。关于时间，它与空间的不同之处在于时间是无限的。亚里士多德认为，时间是由过去、现在、未来构成的连绵不断的系统，是物质运动变化连续性的表现。时间是计量运动的尺度，不能脱离运动和变化，离开具体事物，也就说不上什么是时间。当我们感受到某一段时间时，并不是在感受它的本身，而是感受到运动，具体说是运动的数目，即时间的先后、早晚。时间是永远存在的，是无限的，它是可以任意分割的也是无法分割的，即当我们说“现在”的时候，可以在任意的时间把它提出来，当我们不说现在的时候，它又是和过去、将来紧密结合在一起的，现在是过去时间的终点，又是将来时间的起点。

动物学研究

亚里士多德留传下来的著名的自然科学专著是他的动物

学。在亚里士多德的一生中，他一共研究了五百多种动物，亲自解剖、观察过的至少有五十多种，他是第一个把人类对动物的长期观察结果记录下来，并加以总结、整理而使之系统化的人，他大大推动了生物科学的发展，在动物分类、动物形态解剖构造、动物繁殖以及胚胎发育等方面，他都作出了概括性描述。他的动物学著作主要集中在两本书中：一本是《动物志》（也可以翻译为《动物研究》），另外一本书是《动物四篇》，由《动物之构造》《动物之运动》《动物之行进》和《动物之生殖》四本书集在一起构成。这些研究的基础调查工作，主要是在他结束柏拉图学园的求学生活、移居小亚细亚期间进行的。在那里亚里士多德结识了此后共同合作、形影不离，并成为他学园继承人的泰奥弗拉斯特，他们充分利用沿海礁岛林立的地理条件，对海生动植物进行了广泛的实地调研考察。此外，其动物学方面的著作还有一本《解剖学》，它并没有被保存下来，如其书名所示，这是关于动物内部组成和结构的书，据说这本书中包含有图解和图样，或者说它主要就是由图解和图样构成。

《动物志》详细地研究了动物的各个部分、繁殖方式、饮食、习性等。亚里士多德谈到的动物有绵羊、山羊、鹿、猪、狮子、土狼、大象、骆驼、老鼠和骡子；描述的鸟类包括燕子、鸽子、鹌鹑、啄木鸟、老鹰、乌鸦、布谷鸟；深入研究的对象比如乌龟和蜥蜴、鳄鱼和毒蛇、海豚和白鲸等。此外，他还仔细考察研究了各种昆虫，尤其熟悉海洋动物，并在这方面有着广阔渊博的知识，熟悉对象包括鱼类动物、甲壳动物、头足纲动物、贝壳动物。几乎希腊人所知道的每一个物种都被注意到了，而且大多数物种都有详细准确的描述。我们知道，对如此浩瀚的物种进行研究，单凭亚里士多德一人之力是很难完成的。正如前文已讲到过的，他的学生亚历山大大帝在征战途中也没有忘记老师的研究事业，曾指挥上千人到希腊和亚洲各地，为亚里士多德搜集动植物标本和其他资料。亚里士多德认真地甄别和整理了这些资料，并借助其完善自己的研究。

在具体的生物研究中，亚里士多德总是把人作为出发点和参照系，来描述分析其他动物的结构、功能和习性，因为人体是我们最为熟悉的。他说道："首先，让我们思考一下人体结构，正如人们通过他们最熟悉的标准来测试货币，在其他情况下也是如此——人必然是我们最熟悉的动物。现在，我们能清楚地感知人体的各个部分。然而，为了不打破其固有的顺序，为了在依赖感知的同时又兼顾推理，我们必须描述人体的结构——首先是器官的结构，然后是整体结构。作为一个整体，人主要组成部分包括：头、颈部、躯干、双臂、双腿。"在对人体作了一番分析讨论后，亚里士多德便直接用人的组织模式去分析其他动物，这样有利于我们更直观更形象地了解各种动物构造。比如章鱼："章鱼的触须既可以当作脚又可以当作手，它用嘴上的两个触须把食物送到嘴里。最后一个触须非常突出，也是唯一一个略带白色、顶部叉开的触须，章鱼用它进行交配。在其液囊的前面、触须的上面有一个空管，章鱼用它把吃东西时进入液囊的海水排掉。章鱼会左右移动空管，并可通过空管排精。若按章鱼所谓的头的方向来判断，它是伸开腿斜着游的。当它这样游动时，眼睛可以向前看（因为眼睛在顶部），嘴巴则位于背后。只要是活着的章鱼，它的头就是坚硬的，像充了气一样。章鱼用触须的下部抓取物体，脚间的膜充分展开。如果靠近沙子，章鱼就不能抓牢物体了。"同时，他把章鱼与其他头足纲动物，如乌贼、小龙虾等作了比较，并对其内脏作了细致的描绘。进而，亚里士多德指出了存在于动物世界中的一个重要现象，即各种动物的身体结构都与其本性和谐一致，比如鸟类的嘴形、舌头和羽毛等的构成非常适合于它们在空中的飞行；鱼类的鳃与须、流线型身体等构造特别适合于它们在水中的游动；等等。

在亚里士多德之前，西方还没有人对动物进行过系统的分类。面对数量如此巨大的动物种类，亚里士多德提出了一个动物的分类系统，这也是他对生物学的重大贡献之一。他把动物按胚胎分为四类：自发生成的动物、蛆生动物、卵生动物、胎生动物（有内胎生与外胎生的区别）。其中，“自发生成的动物”，在我们现今看来是绝对谬误的。他断言：“有些动物并不是来自双亲而是自发产生的。有些从落在树叶上的露滴中，有些从污泥和粪秽中，有些从木头（活树或者朽木）中，有些从动物的茸毛中，有些从动物的肌肉中，有些从动物的排泄物中……”考虑到当时观察条件的局限，凭肉眼看不到微生层次生物的生存状态，因此亚里士多德这个错误也是可以理解的。他按呼吸方式把动物分为水生动物、陆生动物、两栖动物、海洋动物、空中动物等；按饮食方式把动物分为全食动物、蔬食动物、肉食动物、专食动物；按综合差异，最后又把动物分为无血动物和有血动物，这种分类被人们一直沿用到 18 世纪末 19 世纪初，那时法国博物学家、生物学伟大奠基人之一的拉马克才将它改名为“脊椎动物”和“无脊椎动物”。亚里士多德还指出，“一切有血动物，其身体都具备某种形式的脊骨，或由骨组成，或由棘刺组成”。在有血动物中又分为四类，即：胎生四足兽类，包括全部哺乳动物；卵生四足动物，包括爬虫类和两栖类动物；鸟类；鱼类。亚里士多德正确地将蝙蝠和鲸也列为哺乳动物。无血动物也分为四类，即：软体动物类（相当于现在分类中的头足类）；软甲动物类（相当于现在的甲壳动物）；介壳动物类（相当于现在的软体动物类）；虫类（包括现在的昆虫纲、蜘形纲、多足纲动物）。

追究原因，是亚里士多德在任何一个领域里进行研究的显著特点，体现在动物学方面，就是他提出“为什么动物能够移动而植物却总是固定于某处”等类似的问题。对此，亚里士多德从动物的运动特性这个角度，给出了答案。他认为任何一个动物都是肉体（质料）和灵魂（形式）的组合体，动物的灵魂与肉体不可分离，灵魂作为动因存在于动物的肉体之中，并推动整个动物肉体的运动。动物灵魂又可以分为几个部分，各个部分具有不同的功能。首先是营养灵魂，它能够吸收营养，自己生长，同时还具有生殖的功能，能繁殖自己的后代，这在非生物中是不存在的；其次是感觉灵魂，有无感觉是动物的标志，不存在无感觉的动物，但是动物不拥有理性，只有人才会思考，因为只有人才有理性灵魂；再次是位移灵魂，动物能够移动它的空间位置，并能够通过感觉趋利避害，进行求生存乃至追求快乐的行动。进而，亚里士多德根据三种灵魂，即营养的部分（或称植物的灵魂），感觉的部分（或称动物的灵魂）和理智的部分（或称人类的灵魂），提出生物的层次思想，认为生物有高低差别，可以排成从低到高的阶梯，人是其他一切生命均向其看齐的最高级的动物。

论灵魂

灵魂问题是希腊哲学尤其是亚里士多德哲学的重要论题。西方哲学史一般将《论灵魂》算作亚里士多德的心理学著作，而事实上《论灵魂》并不只是限于人类的灵魂，而是研究所有有生命东西生命动力的运动方式。《论灵魂》共分三卷，第一卷属于一个引言，主要批判性地介绍了先前哲学家的各种关于灵魂的观点；第二卷分析了灵魂的定义、灵魂和躯体的关系、灵魂的本质以及灵魂的功能；第三卷主要讨论了一些其他的生理功能，如共同感觉、想象、思维以及欲望等等。亚里士多德在该书第一卷第一章中，就指出关于灵魂的研究是一门高尚的、最有价值的学说。他说："正如我们所认为的，所有知识都是应受尊崇和珍视的。就知识的准确性，或就知识对象的尊贵和奇妙而言，有的知识更值得推崇并富有价值。就这两方面来说，我们都理当把灵魂的研究列为第一位。"

有关灵魂的学说，古希腊哲人的观点之间差距很大。米利都学派的泰勒斯认为磁铁吸物是灵魂之故，阿那克西美尼认为灵魂是由精细的气构成的，早期毕达哥拉斯学派坚持灵魂像尘埃，赫拉克利特主张灵魂是一团活火，原子论者认为灵魂是又圆又精细的原子，柏拉图则指出灵魂通过回忆是人类认识的最重要手段。在分析批判这些学说的同时，亚里士多德认为，自然界的事物有的有生命，有的无生命，把它们区分开来的标志正是它们是否拥有"灵魂"。他声称："如果我们要陈述每类灵魂都共有的东西，那将是，灵魂是一个有器官的自然实体的第一种实现。"对这样的叙述，他后来又作了改进，提出"灵魂就是前文所说的能力的行为准则，并由它们，即营养能力、感知能力、思维能力、运动能力来界定"。一个躯体具有生命，首要条件是有灵魂，没有灵魂就等于没有生命。因此，灵魂是在公理意义上的实体，它使有关的物体是其所是。

即使同为灵魂范畴，它也有不同的复杂程度。亚里士多德指出："一些事物拥有灵魂的所有能力，其他的拥有其中的一些，还有的只拥有其中的一种能力。我们所提到的能力包括获得营养的能力、感知能力、欲望能力、变化地点的能力以及思维能力。植物只拥有获得营养的能力。其他事物既有获得营养的能力，又具有感知的能力。并且，如果有了感知的能力，就会有欲望能力。因为欲望能力包括欲望、爱好和希望。所有动物都至少有一种官能，即触觉；所有具有感知能力的事物也会体验快乐和痛苦；所有体验这些情感的事物同样会有欲望（因为欲望就是获取快乐的欲望）……此外，一些事物还有方位移动的能力；还有一些拥有思维和智力活动的能力。”那么灵魂的这些不同能力是来自于整体的灵魂，还是来自于灵魂的不同部分呢？对于这个问题，柏拉图和亚里士多德的观点截然不同。柏拉图将灵魂划分为三个部分：学习（爱智）部分、激情（爱胜）部分和欲望（爱利）部分，三个部分各司其职，灵魂和躯体可以分离开来。而亚里士多德则认为灵魂是统一的整体的存在，无法划分开，一个实体只有一个灵魂。这也就为我们了解灵魂和躯体之间的相互关系提供了一个契机：一方面，灵魂是精神性的东西，不是物质或物体；另一方面，灵魂又不能脱离躯体而独立存在，任何一个生命物体，都是由作为形式的灵魂和作为质料的躯体结合而成的，也只有在和躯体的结合中，灵魂才能发挥作用。“由此可见，灵魂和躯体是不能分离的，如果灵魂具有部分，那么灵魂的部分也是不能和躯体分离的。”灵魂不仅“寓于躯体之中，存在于某一个别躯体之中”，而且“不像前人说的那样，把灵魂硬塞到任一躯体里面”。相反，任何灵魂都有其独特的性质，都存在于自己固有的质料中，这样才能构成每一生命个体，所以如果躯体死亡了，灵魂这个身体的组织原则也就随之消亡。

亚里士多德的灵魂包括了一切生物的生命原则。他所说的灵魂，是有高低等级差别的，不同的灵魂按其等级可依次分为三类：营养灵魂或植物灵魂；感觉灵魂或动物灵魂；理性灵魂或人类灵魂。他认为，不同等级的灵魂，其作用也不同，较高级的灵魂包含有较低级灵魂的作用，但较高级灵魂的作用不能归结为较低级灵魂的作用，低级灵魂则不具有高级灵魂的作用。具体来说，营养灵魂是最低级的灵魂形式，也是灵魂的最基本层次，或者说是一切生物、有机体的最本质特征。它具有吸收营养和繁殖的作用。我们可以从植物、动物到人等一切生物中看到营养灵魂的作用，因为一切生命要维持其存在，都必须具有这种功能，低级的植物只具有这种营养灵魂，不会有感觉，因为植物只需要自动地从土壤中吸收养料就足够维持其存在。感觉灵魂是动物所具有的比较高级的灵魂形式，它具有三方面的能力：其一是感觉能力，其二是欲望能力，其三是运动能力。一切动物都必须要能够区分出什么是食物，而要区分什么是食物，就必须和食物发生接触。对于动物来说，触觉就是最重要和必需的感觉，它可以吸收所有的物体都共同具有的东西。而对其他的感觉，亚里士多德说："每一种感觉都有一种它辨别的对象，从不会弄不清楚在它面前的是色彩还是声音。"此外，感觉灵魂只吸引形式而不吸引质料，"就像块蜡上只留下戒指的印子而不会留下铁或金……类似地，感觉受到有色彩、有味道、有声音的东西的影响，它却不关心每种情况下的那种基质是什么"。理性灵魂是最高级的灵魂形式，这是人类的灵魂形式，同时人类灵魂自身还具有营养灵魂和感觉灵魂的作用。因此，在人类灵魂中，达到了营养灵魂、感觉灵魂和理性灵魂三者的统一，人类灵魂的作用是理性和思维能力，人类灵魂比其他灵魂要具有更大的优越性。

亚里士多德在谈到理智灵魂时，将理智（努斯）分作积极理智（主动的心灵）和消极理智（被动的心灵）两个部分。积极理智是永恒的，在这一点上，其他一切灵魂能力都不是永恒的，都不能脱离躯体单独存在，而是随着躯体的死亡而消失。消极理智就像质料一样，只是一种潜能，是一种接受理智对象的能力。事实上，消极理智指的是思维能力，而积极理智则是指思想自身，作为思想，思想和思想的对象是同一的，理智能够思维它自身，而且思想的对象就存在于理智之中。

宇宙观

康德说过："世界上有两件东西能够深深地震撼人们的心灵，一件是我们心中崇高的道德准则，另一件是我们头顶上灿烂的星空。"自古希腊时期，人类就开始了对星空对世界的不停探讨，希腊人爱好数学与逻辑的天性，使得他们能从容地观察我们生活的这个巨大天球，并思考其变化规律。亚里士多德在著作《论天》和《论生灭》中提出了他的宇宙观：宇宙是一个巨大但有边界的球形体，无始无终地存在着，既无生成，又不毁灭；地球位于其中心，周围以同心圆的层次环绕着土、火、气和水四种元素；并且天体由第五种元素"以太"构成等。

亚里士多德时代，人们普遍认为宇宙是一个球体，地球固定在这个球体的中心。比如，柏拉图在其关于宇宙论和自然科学的著作《蒂迈欧篇》中，提出以地球为中心的同心球壳结构的宇宙模式。他主张地球是宇宙的中心，其他各个天体处于不同的球壳上，这些球壳离地球由近到远，依次是：月亮、太阳、金星、水星、木星、土星、恒星，各同心圆之间由正多面体联结在一起。同时，柏拉图还从神秘主义立场出发，把宇宙的形体比喻成一个没有器官、没有四肢而有生命的动物，造物主不仅给予宇宙一个十分完美的球形，而且还赋予它灵魂，灵魂从球心到球壳边界充满了整个世界；正是这球形的宇宙具有灵魂，它才能绕着它的轴转动。和当时大多数古典哲学家一样，亚里士多德也认为地球是宇宙的中心，在地球和大气之外是月亮、太阳、行星和恒星。他在《论天》中曾说道："从历代相传说法看来，亘古以来，最外层的天整个或部分都无变化……天的形态必须是球形的。地球不用说是不动的，它的地位不在别处，只在宇宙的中心。"后来的亚历山大里亚学派天文学家克劳狄乌斯·托勒密，在亚里士多德宇宙学说基础之上，写成一部西方古典天文学的百科全书《天文学大成》，再次捍卫了"地心说"理论，中世纪时，该学说被宗教神学窃取篡改，当作基督教会上帝创造世界的理论支柱，摇身一变成为不可亵渎的绝对法统，彻底沦落成镇压一切"异端"的工具。自此，以地球为全宇宙中心的"亚里士多德—托勒密地心说"理论，一直延续到十六世纪哥白尼的"日心说"发表。

亚里士多德就现实的本质提出了一个明确观点，认为构成自然事物的基本元素或基本原料有四种：火、气、水、土。每一种元素都可由四大基本能力或特性——热、冷、湿、干——来界定，如土有冷有干，气有热有湿，火有热有干等等。在有序的宇宙中，每一元素都具有各自的属性自然位置，每一元素都具有朝着其自然位置运动的天生倾向。这四种元素由于各自的相对重量不同，于是脱离地球这个中心：有的元素较轻，作向上运动，有的元素较重，则趋向下降，所以，较轻的元素浮在较重的元素之上，较重的元素沉在较轻的元素之下。如：水比气重，所以水在气下，气在水上，而水和气都比土轻，因此土在最下层，而这三种元素都比火重，所以火在最上层。如此一来，土的固体属性自然会下降，而火在没有阻碍之时就会越升越高。每种诸如此类的运动都是各个元素的自然天性。这些元素还能够相互作用并相互转化。元素间的相互作用在《论生灭》中进行了讨论；相互作用的间接形式，即类似化应的形式，可以在另一本著作《气象学》第四卷里找到相关的讨论。和恩培多克勒不同，亚里士多德认为，元素之间的相互转化是因为它们性质的相互转化，例如蒸发就可以被分析成水的热的性质被冷的性质所代替。

亚里士多德认为，除了以上四种基本元素以外，宇宙空间中还存在着第五元素——“以太”。在亚里士多德看来，其存在的原因有二：第一，除了自然界的事物能作向上或向下的直线运动以外，人们还可以看到圆周运动，即天体的运动，这种运动围绕一个中心旋转，既离开中心又趋向中心才成为旋转，那么显然，构成天体的元素一定不是具有直线运动能力的前四种元素，而是另外一种在本性上能作圆周运动的元素。第二，太空分为三个部分：月亮之下、月亮之上与最外层太空之间以及最外层太空。月亮之下的东西是四种元素组成的复合体，有组合与分解、产生与消灭，因而都是有生有灭的；月亮之上的一切东西是不生不灭的，因而必定由另一单一的元素构成，这种元素就是“以太”。亚里士多德认为，同直线运动相比，圆周运动更完善，同样，具有作圆周运动能力的“以太”，比只能作直线运动的四种元素要优越。之所以如此，在于“存在其他独立于我们周围实体的某种实体，它的本性更卓越，因为它远离下面的世界”。因此，亚里士多德把它称为“第一物体”。据说，亚里士多德曾经尝试性地证明“以太”也存在于地球上。西塞罗对亚里士多德的一些遗失著作很熟悉，对这件事情他如此写道：“他（亚里士多德）认为在地球上存在着第五种元素，我们的灵魂就是由这种元素构成的。我们的思考、预见、学习、教授（知识）、发现（问题），所有的这些以及爱、恨、感觉到疼痛和高兴等等这样的东西不可能是由四种元素中的任何一种组成的。于是，他引出了第五种元素，但没有给它一个名称。既然这种元素也作一种连续的、永恒的运动，亚里士多德就用了一个新的名字来称谓灵魂：把它称为‘以太’。”

第 8 章

《诗学》：西方文艺学奠基之作

“西方文艺学之父”

亚里士多德最重要的艺术理论作品是《诗学》。《诗学》之所以重要，是因为在西方历史上，它是第一部较为系统而全面地探讨美学和文艺理论的经典著作。罗马的贺拉斯、维吉尔，文艺复兴时期的米开朗琪罗、达·芬奇等诸多大师，无不仔细研究过这本书，莱辛在《拉奥孔》中更是把它看作“针对任何时代所提出的文艺问题的全面解答”。俄国文学批评家、美学家车尔尼雪夫斯基曾说过：“《诗学》是一部最重要的美学论文，也是迄至前世纪末叶一切美学概念的根据。”亚里士多德本人也正是因为此部著作而被赞誉为“西方文艺学之父”“西方美学创始人”。

《诗学》创作于亚里士多德游历外邦重返雅典之后，是他成熟时期的美学思想集成，讨论内容包括文学、诗歌、戏剧、音乐等艺术形式，特别是史诗和悲剧。整部著作大致可以归结为三个要点：模仿说、悲剧论、净化说。根据第欧根尼·

拉尔修的记载，《诗学》共有两卷，可惜第二卷已失传，第一卷末提到后面还要展开对喜剧的讨论，或许就在第二卷中。现存文本只有讨论悲剧和史诗的二十六个章节，是亚里士多德在吕克昂讲学的绝大部分文艺理论讲稿，论证严密，风格简洁。

《诗学》原名的意思是“论诗的技艺”。从希腊文的词源意义来说，“诗”有“创制”的含义，“诗”的创制即指一切艺术创作。诗人创造艺术形象，不同于实用事物，只存在于作品之中。诗即艺术创造。艺术属于创制科学，它不同于理论科学、实践科学，是以塑造形象的方式再现特殊事物，从中显示普遍的活动、情感和意义。我们知道，亚里士多德的研究涉及他所处时代的一切领域，并且几乎在每个领域都有独到的见解和成就。他是许多学科的创始人，不仅为后人留下大量的、内容丰富的科学著作，还对科学进行了分类，根据各自的价值和目的，他将它们分为不同的三个层次：第一类是理论科学，是以求知本身为目的的学科，包括形而上学（第一哲学）、物理学（生物与无生物、生理与心理、天文与地质等自然科学的总原理，也就是“自然哲学”）和数学；第二类是实践科学，是以寻求行为的标准为目的而求知的学科，包括政治学、经济学和伦理学；第三类是创制科学，是以寻求创作有实用价值或艺术价值的事物为目的而求知的学科，包括各种技艺，如建筑、体育、音乐、绘画、雕塑、诗学、修辞学等等。从这个意义上而言，诗学就是研究艺术即创制科学的学问。换言之，《诗学》的主要目的不是告诉我们如何评判一件艺术作品，而是如何生产出一件艺术作品。

早期希腊以来，毕达哥拉斯、赫拉克利特、德谟克利特、苏格拉底等哲人，从自己的自然哲学或道德原则出发，零散地论断美学思想。柏拉图的对话篇中较多地讨论了美的本质、审美主体以及文艺的社会功用问题。但在柏拉图那里，“艺术”这个概念和其他概念，如政治、道德、伦理、智慧等，被混淆成一体，是“理念论”原则的推演，附属于他的政治哲学。并且，他认为艺术作品至少与真理隔着三层，所以表现出对某些艺术门类及其优秀作品的敌视、排斥态度。从他描绘的理想国来看，我们就知道，在他看来，政治因素是所有一切的改革因子。

亚里士多德和先哲们迥然不同，他采取现实主义观点，探寻希腊古典文明中璀璨的艺术杰作、思索艺术本性、研究艺术价值，从哲学高度提炼魅力永恒的希腊艺术精神。在《诗学》中，亚里士多德通过比较诗歌与历史，强调了诗歌作为艺术形式之一在认知方面的价值，这点可以说是亚里士多德对诗学最经典的论证。他认为，历史学家只关心特定的人或事件，诗人却不是这样，他们处理的是基本的人性，因而是普遍的经验。诗歌与历史之间真正的区别在于：历史考虑的是已经发生的事情，而诗歌考虑的则是可能发生的事情。《诗学》第九章中指出：“诗人的职责不在于描述已发生的事，而在于描述可能发生的事，即按照可然律或必然律发生的事。历史家与诗人的差别不在于一用散文，一用‘韵文’；希罗多德的著作可以改写为‘韵文’，但仍是一种历史，有没有韵律都是一样；两者的差别在于一叙述已发生的事，一描述可能发生的事。因此，写诗这种活动比写历史更富于哲学意味，更被严肃地对待；因为诗歌所描述的事带有普遍性，历史则叙述个别的事。”“诗歌的目标就是达到这种普遍性。”

艺术的本质是模仿

我们知道艺术在柏拉图那里遇到了混淆对待，但是，不论是柏拉图还是亚里士多德，他们都认为艺术在本质上是对自然的模仿。其实，“艺术是模仿”一直以来就是古希腊的传统说法。英国美学史家鲍桑葵说：“希腊艺术可以称为‘模仿性’艺术，因为希腊艺术并无抽象的理想性，而是以和谐、庄美、恬静的特征，艺术地再现生活，它包含着‘审美真理’，铺平了通向‘美学理论’的道路；希腊的才华所描绘出的无限的全景就在模仿性艺术，即在再现性艺术的名目下，进入哲学家的视野。”早先希腊哲人们赋予了“艺术是模仿”的不同的哲学意义和解释。比如，毕达哥拉斯认为美是对数的模仿；赫拉克利特主张艺术模仿自然的和谐即对立的统一；苏格拉底说绘画、雕像之类的艺术不但模仿美的形象，而且可以借形象模仿人的情感、性格，等等。至于柏拉图和亚里士多德，他们的问题关键在于，模仿艺术是否具有价值和意义？

柏拉图运用“理念论”来看待艺术对自然的模仿。在他看来，理念世界是唯一的真实存在，现实世界只是对理念世界的不完全的模仿，而艺术世界又是对现实世界的不完全的模仿，是用语言、韵律、曲调、色彩等模仿事物的表面现象，不过是制造影像，同“理念”的真实存在、永恒真理有双重的隔膜。因此，艺术“与真理隔三层”，只是“摹本的摹本”“影子的影子”，比作为“摹本”的现实世界更加不真实，甚至是虚幻的。基于此，在《理想国》的第二、三、十章中，柏拉图运用“模仿”这个概念贬斥艺术家，特别是诗人。他认为艺术不仅无补于城邦治理和公民道德，而且通过吸引人类本性中的低等部分，使人沉湎于哭哭笑笑，腐化堕落。所以，在他设计的理想城邦中，像荷马那样的杰出诗人应当一概被放逐。

与柏拉图恰恰相反，亚里士多德却用“模仿”这个概念恢复了诗人的名誉。他认为，艺术批评标准可以归结为三种：是否合情理、是否合道德法则、是否合艺术法则。而这三种标准并非绝对相等，其中逻辑标准是相对的，艺术标准才是绝对的。如他所说，模仿远远不是柏拉图所描述的那种低等活动，而是人类从小就有的一种自然而然的活动。模仿是人类优越于其他动物的特征之一，因为模仿极大地扩展了人类学习的范围。另外，模仿式再现本身就会给人带来快乐。

亚里士多德始终强调，所有艺术都是表现或“模仿”的问题。“史诗、悲剧诗歌、喜剧、祭酒神赞歌以及大多数长笛和竖琴音乐，总体上都是模仿。”艺术模仿是再现人类的生活，尤其是人类的行为。人类行为在特征上各有不同，“这种差异把喜剧和悲剧区分开来；因为喜剧被认为是模仿那些境况比当今的人更糟糕的人，悲剧则模仿那些境况比当今的人更好的人”。《诗学》中提出模仿有三种方式：按照事物本来的样子（自然）去模仿、按照事物为人们所说所想的样子（神话传说）去模仿、按照事物应该有的样子去模仿。其中最后一种是最好的。原因在于它反映了“模仿应表现必然性、或然性和类型”的特质，这也是艺术所应该具有的最高的哲学境界。在他看来，现实事物包括人的活动，就是真实存在，具有多样意义；诗模仿人的活动，在作品中创制出艺术真实的存在；“模仿”不只是映现外在形象，更指表现人的本性与活动，显示人的“存在”的意义。由此推论，艺术的“模仿”，不是记录经验的个别事实，而是要在特殊的生活原型中把握普遍本性，揭示因果联系，经过艺术加工，创造生动的典型形象，体现诗的真理。因此，模仿的艺术是高尚的知识活动，真正的艺术，模仿的不是对象的外形，而是按照事物的内在本性把它们理想化。在讨论悲剧人物时，亚里士多德说道：人物性格的刻画要逼真、内在一致，是某种类型的人物在说话、做事，表现性格的情节是必然发生的某种类型的事件。这样，悲剧模仿的人物，像优秀绘画，不但逼真，甚至比原型更美。

进一步，亚里士多德发展了他的艺术观，指出艺术不仅是真实的，而且比现实世界更为真实。借用今天的话来说，即“艺术源于生活，又高于生活”。在《诗学》第十五章中，亚里士多德号召诗人“应该向优秀的肖像画家学习；他们画出一个人的特殊面貌，求其相似而又比原来的人更美”。为诗人辩护时，他还曾指出：“如果有人指责诗人所描写的事物不符合实际，也许他可以这样反驳：‘这些事物是按照它们应当有的样子描写的’。”此外，亚里士多德多次高度评价荷马，在《诗学》第四章中，他写道，荷马是个真正的诗人，“因为唯有他的模仿既尽善尽美，又有戏剧性”。又比如在他的“和谐公民教育观”中，音乐这种艺术形式成为其核心部分。对他而言，音乐直接采取心灵对话的模式，以节奏带给人心灵上的愉悦，发掘出蕴藏于心灵中体验的实际意义，进而自然而然地受到性情和德性上的陶冶，最终通过快乐表现至善和幸福。

“模仿是天性”“模仿是学习”，这是亚里士多德一直以来所秉持的观点。一般说来，诗的起源仿佛有两个原因：其一，人的天性就有模仿禀赋；其二，人的天性就有音调感、节奏感等审美能力。第一个原因在美学史上影响极大，被概括为“模仿说”，但是第二个原因，即音调感、节奏感的审美能力，至今没有引起太多的关注。我们说，诗歌作品中的音调和节奏，可以是对外在自然的泉水声、马蹄声等的直接模仿，也可以是一种表达人的内在情感的音调和节奏，这些都是经过诗人的处理，是内在节奏和音调的一种表现和物质外化。诗人雪莱在描绘诗歌产生的情景时说：“自有人类便有诗。人是一个工具，一连串外来和内在的印象掠过他，有如一阵阵不断变化的风，掠过埃奥利亚的竖琴，吹动琴弦，奏出不断变化的曲调。然而，在人性中，甚或在一切有感觉的生物的本性中，却另有一个原则，它的作用就不像风吹竖琴那样了，它不仅产生曲调，还产生和音，凭借一种内在的协调，使得那被感发的声音或动作与感发它的印象相适应。”借此，他微妙地描述了诗歌产生时内在节奏音调和外在节奏音调的关系。现代人类学家通过大量的田野调查发现，原始部落的人群都具有非常敏锐、强烈的“音调感、节奏感”。他们的这种感觉与他们的艺术之间的联系是不可分割的。

现在，我们再回到“人的天性就有模仿禀赋”这个论题上。人从孩提的时候起就有模仿的本能，人和禽兽的分别之一，就在于人最善于模仿，他们最初的知识就是从模仿得来的。人从模仿的作品中得到的总是快感。经验证明了这样一点：事物本身看上去尽管引起痛感，但惟妙惟肖的图像看上去却能引起我们的快感。例如尸首或最可鄙的动物形象……假如我们从来没有见过所模仿的对象，那么我们的快感就不是由于模仿的作品，而是由于技巧或着色或类似的原因。模仿出于我们的天性，而音调感和节奏感（至于韵文则显然是节奏的段落）也是出于我们的天性，起初那些天生最富于这种资质的人，使它一步步发展，后来就由临时性的尝试而逐步作出了诗歌。各种艺术形式都出自实现上述这种人的双重本性。在当时，戏剧已是极臻成熟、成果卓显的文学形式。亚里士多德考究悲剧、喜剧的由来、演变，阐明艺术从简单到复杂、从单一到多样的进化，是人的模仿和审美能力逐步提高、人的求知和美感天性不断实现与升华的过程。这种艺术进化观颇有合理性，也符合古希腊戏剧史的实际。总体而言，亚里士多德的“模仿说”，内涵丰富，寓有深刻哲理，是他的诗学的基本原理，从这一基本原理出发，他进而研究以悲剧为代表的艺术创作原则。

悲剧:《诗学》的核心

《诗学》讨论的核心是悲剧。亚里士多德首先对悲剧下了一个定义：“悲剧是对一种严肃、完整、有一定长度的行动的模仿；它的媒介是语言，具有各种悦耳之音，分别在剧的各部分使用；它的模仿方式是借助人物的动作来表达，而不是采用叙述法；它通过事变引起怜悯与恐惧，来达到这种情感净化的目的。”这个定义涉及悲剧模仿的对象、媒介、方式和悲剧的功能等方面的问题。对亚里士多德而言，悲剧是一切艺术中的最高形式，有着巨大的现实意义。《诗学》中充满了希腊悲剧的引句。他研究悲剧的方法与在生物学、物理学、伦理学、政治学著作中所用的方法相同，常以具体例子印证所论问题。

悲剧是戏剧的主要体裁之一，它起源于古希腊，最早发轫于民间即兴创作。“悲剧”原意是“山羊之歌”，该词用在古希腊戏剧上，可能引人误解，因为古希腊悲剧着意在“严肃”，而不在“悲”上。古希腊农民在收获葡萄的时节装扮成牧羊人，举行歌舞，崇拜酒神狄俄尼索斯。这种歌叫作“酒神颂”，表演时，临时编几句诗来回答歌队长提出的问题，讲述酒神在人世间漫游和宣教的故事。狄俄尼索斯是古代希腊信奉的葡萄酒之神，他不仅握有葡萄酒醉人的力量，还布施欢乐与慈爱，在当时是极有感召力的神。在奥林匹亚圣山的传说中，他是宙斯与赛墨勒之子，又有说是宙斯与普赛芬妮的儿子。公元前534年，雅典城创办“大酒神节”，泰斯庇斯（现认为他是古希腊最早的演员）首先在这个节日里把酒神颂化为悲剧。公元前6世纪末，雅典民主政治提倡集体生活，要求人民大众的思想情感用集体方式表达，因为唯有戏剧才能满足这种要求，所以希腊戏剧得到进一步的发展。此时悲剧的内容不再局限于酒神故事，而是更多地取材于荷马史诗、神话与英雄传说，以不同方式深入表现希腊人的现实生活。

雅典古典时期悲剧名家迭出，三大悲剧家埃斯库罗斯、索福克勒斯和欧里庇得斯将希腊悲剧推进至辉煌峰巅。其中，埃斯库罗斯写有七十部剧作，悲剧传存七部，其代表作《普罗米修斯》《阿伽门农》等，主要表达命运不可抗拒，人要对自己的选择行为负责；索福克勒斯创作了一百三十部剧作，传存七部悲剧，《安提戈涅》《俄狄浦斯王》等名作题材取自英雄传说，崇仰英雄主义，表现了人的自我觉醒；欧里庇得斯，写剧本九十二部，传存悲剧十八部，《美狄亚》《特洛亚妇女》等皆是名篇，他终结了“英雄悲剧”，以强烈的批判精神直面社会现实。希腊悲剧发展到欧里庇得斯，经历了从神话英雄到尘世现实，从相信命运支配到认识人自己的力量的历程。在亚里士多德看来，这正是人的模仿天性即认识社会现实和人自身逐步实现、不断提升。

亚里士多德认为，悲剧作为一个完整的有机整体由六个要素构成，即情节、性格、思想、台词、扮相和音乐。其中情节和性格最为重要，在深入阐述“悲剧的情节”时，亚里士多德把它们称为悲剧的基础与灵魂。其中，情节必须是一个自足整一的故事，“故事要有严密布局，挪动或删削任何一部分，整体就会崩散脱节”；他还认为，悲剧必须短小简易，时间不宜过长，认为应该力图保持在一天之内，否则会影响艺术效果。成功的悲剧首先必须是情节安排得当、肢体语言丰富的剧目，相形之下，性格、思想、台词、扮相和音乐等方面便无关大碍了，只要情节运用得当，即便其他的五个方面存在缺陷，也不会影响一出戏剧的观赏效果，但假定悲剧家在其他五个方面做足了，却疏于情节的处理，也将不会得到任何称赞。

在一出典型的悲剧里，最有吸引力的地方，是情节的“突然转变”和“隐秘发见”。亚里士多德推崇复杂的悲剧，他说：“复杂的戏剧是理想的艺术，情节简单的悲剧是不够好的，因为它不能像复杂的悲剧那样用‘突然转变’和‘隐秘发见’推动悲剧达到终局……所谓‘突然转变’，是剧情突然向相反的方向发展；‘隐秘发见’是悲剧人物由懵懂而突然醒悟。”两者是相伴而来的，“突然转变”是“隐秘发见”的结果，“隐秘发见”是“突然转变”的基础。它们是情节乃至整个悲剧中最重要的因素，使戏剧冲突迈向高潮，往往和苦难，即毁灭性的或痛苦的行动交织一起，从而达到引发恐惧与怜悯之情的悲剧效果。这些见解通过不断举证实存的希腊悲剧予以说明，特别是索福克勒斯的悲剧《俄狄浦斯王》，任何人只要听到《俄狄浦斯王》的故事，就会心灵震颤。在本剧开头，俄狄浦斯享受着荣华富贵，他基本上是一个好人，但命中注定具有暴躁冲动的毛病，这种恶习使他在一场扭打中杀死一个男人，使他轻率地与新娘成婚。后来“隐秘发见”他杀死的男人是他的生父，他婚娶的女人是他的生母，这便使他的命运“突然转变”，他因此自我放逐，离开自己的王国，在羞愧与悔恨中戳瞎自己的双眼。亚里士多德主张，悲剧中这两种情节不应是人为的外在强加，而应是模仿的事件自然地发生的，既可信，又强烈震撼观众的心灵。亚里士多德认为：情节结构安排双重结局，即以善人善报、恶人恶报的大团圆收场，只是投合观众的软弱心肠，并无悲剧效果，倒像是喜剧特色。在他看来，优秀悲剧往往有单重悲壮结局，从中展示严肃、深沉的意义。

此外，为了引起观众的“怜悯”和“恐惧”，亚里士多德特别提出，悲剧的情节应该是“亲属间的仇杀”——如果是仇敌间的相互厮杀，这种行动和企图是不能引起我们的怜悯之情的只有当亲属之间发生苦难事件时，才会带来观众的恐惧和怜悯。例如弟兄对弟兄、儿子对父亲、母亲对儿子或儿子对母亲实行杀害或企图杀害……这些事件才是诗人们所追求的。悲剧一般都取材于历史上的仇杀故事，如索福克勒斯《安提戈涅》中克瑞翁处死外甥女，然后又导致儿子自杀；欧里庇得斯《美狄亚》中的美狄亚为了惩罚负心的丈夫伊阿宋，竟亲手杀掉自己的一双儿女；等等。任何人观看到这样的情节，都会感动不已，惊心动魄，不仅引起其“怜悯”，更加会使其“恐惧”。几千年来，悲剧作家们无不遵从这条金科玉律，连莎士比亚的《哈姆雷特》《奥赛罗》《李尔王》等也都如此。

亚里士多德虽然把情节以外的内容斥为次要，但他同时指出，一部优秀的悲剧在人物性格的塑造、思想和台词上常常也是非常成功的，这是因为“情节的核心是人物，这些人物在性格、思想和台词上应该具备必要的特点”。悲剧在描绘人物的性格时，必须遵从一些原则，应该“适合并明白表示某种抉择”，或者说，人物的性格必须和重大情节相呼应。亚里士多德认为，悲剧描写的是与寻常人有相似性的好人遭受不应有的厄运，因此无论什么样的人作为悲剧的主人翁，最重要的是他或她应当具有他们应有的特性，应当在整个剧作中保持一致。他心目中的悲剧人物，有其社会道德标准，而刻画他们的性格，又有出于“模仿说”的审美标准。他认为，悲剧主人公并非大善大德、十分公正，而是介于完人和普通人之间的人，他们也有缺陷，也有错误，这种主角“所以陷入厄运，不是由于他们为非作歹，而是由于他有‘错误’”，所以从顺境转入逆境，“其原因不在于人物坏心行恶，而在于他犯有大错误”。一方面，悲剧性主角要有善良的品质、高贵的德行，悲剧要模仿、崇仰，令人体验崇高，所以他们高不可及；另一方面，他们因有和普通人相似的缺陷、错误，这样才与我们“相似”，当他们因此落入悲惨结局，我们才会推人及己，产生恐惧与怜悯，体味悲壮和借鉴性意义。

“净化”的社会功用

亚里士多德讨论悲剧时，特别强调悲剧的情感方面，他论述的核心是关于净化——对不愉快情感的清洗——的思想。“净化”被说成是悲剧的效果，这应该从伦理学和美学的意义上去理解，只有当这种净化伴随着一种快感时，怜悯和恐惧的情绪才能得到补偿和缓解。那么，“净化”是否暗示着，我们通过悲剧“清除”了我们的感情？或者，它是否意味着给我们机会以一种间接的方式来表达或释放我们内心深处的情感？不论是哪种情况，亚里士多德的意思似乎是说，对深重痛苦的艺术再现，在观众心中唤起了真实的恐惧和怜悯，也就由此在某种意义上净化了观众的精神。进而，亚里士多德以悲剧这一高级艺术为范式，肯定一切优美的希腊艺术，在领悟人生哲理、陶冶道德情操、谐和审美情趣等方面都有积极良益的作用。这种“净化”，实际上也是亚里士多德对柏拉图否定和贬低文学艺术的作用的有力反驳。柏拉图认为，人的感性是卑贱的，因此，迎合人身上的卑贱成分的诗歌艺术，就应该排在被禁止之列。亚里士多德的悲剧陶冶论正好与之反其道而行，他认为悲剧、诗歌恰恰能陶冶锻炼人的情感，使之合乎理智的要求，而成为美德。

亚里士多德从他的“模仿说”和“伦理观”出发，肯定了艺术是求知活动，它所表达的情感属于人皆应有的人性，受理性指导，包括悲剧、喜剧、史诗、抒情诗在内的雅俗艺术，对社会与人生都有不同的价值。首先，悲剧作为一种严肃艺术，通过模仿人的活动引发并“净化”情感，这不是简单的道德感化或情感清洗，实质上蕴含着认知活动。我们知道，“模仿”的本质在于通过个别表现一般，通过特殊表现普遍，它不仅反映现实世界的个别表面现象，而且揭示生活的内在本质和规律，因而艺术比普通的生活更真实更美。所以，人们从这些具有普遍性意义的故事中可以解悟必然事理，推人及己，产生共鸣，进而摈除愚昧，开化心智，领悟人生真谛，避免悲剧重演。此外，悲剧的“净化”功用，有益于培育、提升人的审美情操，使人心理健康。亚里士多德要求诗人以灵敏的天才，真切表达并进入剧中人物的情感，就是为了在审美移情中激发观众同样的情感。《政治学》中，亚里士多德举例说：“有些人受宗教狂热支配时，一听到宗教的乐调，就卷入迷狂状态，随后就安静下来，仿佛受到了一种治疗和净化。这种情形当然也适用于受怜悯、恐惧以及其他类似情绪影响的人。”这里所说的情感净化，实际上就是通过音乐的审美移情作用，平和那些极端激烈的情感，有益于培育中和、适度的健康心理。

其次，悲剧作为一种艺术的呈现形式，从道德教育角度而言，情感的净化也是伦理道德意识的净化。亚里士多德认为，城邦（国家）的最高目的，是实现最高的善，一个好的城邦的标志就是“个个公民都是善人”，而一个善人，即一个有美德的人，在情感方面必须是有自制力的人，情感太强太弱都不好，行为必须符合“中庸”。对此，他在《尼各马可伦理学》中这样说道：“……美德与情感及行动有关，而情感有过强、过弱与适度之分。例如恐惧、勇敢、欲望、愤怒、怜悯以及快感、痛苦，有太强太弱之分，而太强太弱都不好；只有在适当的时候，对适当的事物，对适当的人，在适当的动机下，以适当的方式发生的情感，才是适度的最好的情感，这种情感即是美德。”现实生活中，并非每个人天生都是善人，人性中常常有卑劣的成分，心灵中也常常有不健康的情绪。这些卑劣的、不健康的东西，只有成为“适度”的感情，才有益于人的身心，有益于人的道德修养。同时，适度的怜悯与恐惧之情是由习惯养成的，把过强或过弱的感情转变为适度的感情，就是要养成一种新的习惯，而悲剧的“净化”作用就是帮助观众养成新的习惯，使过强或过弱的恐惧与怜悯之情转变为适度。

修辞学

如前所述，在亚里士多德的创制科学领域内，他撰写过两部著作，除《诗学》外，还有一部《修辞学》。《修辞学》开宗明义指出：“修辞学是辩证法的对应部分。”两者都是在论辩中运用逻辑论证以形成正确的认识，两者都不从属于某一特殊学科，不限于研究某种确定的对象，而有普适性和实用价值。

《修辞学》可视为亚里士多德最重要的修辞学著作，它集中体现了亚里士多德的修辞学理论和思想。亚里士多德说过，修辞学是一门学科，是“不管碰到什么事情都发现可资利用的说服手段的那种能力”，“最好的修辞文体必须是既明晰又有格调，这意味着修辞者应该做到对语言的使用‘恰到好处’，既不‘淡俗’，也不‘虚矫’”。因此，研究修辞术的人务必要能够进行逻辑推理，能够评估性格，能够理解情绪。

修辞学，正如其名，是分析公开演讲的艺术，产生于公元前5世纪的希腊世界，并在古典时代繁荣的雅典民主制下盛极一时。无论是集会、诉讼等公共场合，还是私人的日常交往，修辞技艺都获得了普遍的应用。智者是早期的修辞学家，他们认为“人是万物的尺度”，将通过说服而能影响和控制人的修辞学奉为最高智慧，普罗泰戈拉和高尔吉亚等人对修辞学的发展都颇有贡献。然而他们以征服听众为修辞学的本质与目的，使得修辞学沦为论辩乃至诡辩的技巧，遭到苏格拉底和柏拉图的反对。苏格拉底认为智者的修辞术混淆是非，强辩取胜，是虚伪的知识。柏拉图批判说，他们都没有解决“怎样有效地使用各种方法，怎样才能使一篇文章形成一个整体”等问题。在柏拉图看来，这类作品所讲的技巧缺乏技术的必然性，很难被初学者掌握，不过是一些“修辞学垃圾”。到了亚里士多德所处的时代，修辞学鼎盛不衰，在雅典，伊索克拉底、德谟斯提尼等人均为一代名家，他们留传下来多篇演说，言辞优美而精练，情感有力而生动，堪称杰出典范之作，以至亚里士多德曾在他的《修辞学》中大量引用伊索克拉底的文句作为引证，将其修辞炼句的文法作为一项专业训练推荐给读者。与前人相比，亚里士多德在修辞学中，注入了较大分量的逻辑论证内容，使修辞学真正成为一种合乎逻辑的“说服的论证”，并把它看成是一门近似辩证法的艺术论，是伦理学和政治学的补充。对亚里士多德而言，最需要修辞、修辞最能发挥作用的地方是在政治领域内，是在国家事务的处理中。换言之，修辞是公民实施政治生活的技术，从事政治生活的具体方法。

《修辞学》这部著作完成于吕克昂讲学时期，共有三卷：前二卷论述或然性证明，指出在争论中令人信服的就是“劝说”的艺术，并对善于辞令的演说艺术作了介绍；第三卷是篇单独的论文，论述演说的形式、措辞、风格和编排，并从而导出对美学特性的探讨。在亚里士多德看来，修辞学是在任何特定的主题上把握劝告人们的方法的能力，即说服他人的工具，“说服的论证”才是修辞学的主要内容。这种“说服的论证”有三种说服方式：演说者的品格；使听众处于某种心境；最重要的是逻辑论证。演说者的品格和引发听众的激情固然也有说服力量，但事情得到证明能使人们达到最确实、最大限度的信服。而以往的修辞学家只借助激情和技巧，不以缜密的事实真相为中心，不仅达不到预期的效果，甚至还会带来相反的作用。所以他认为，修辞学应主要研究以事实为根据、富有逻辑力量的说服论证，这样才能通过诉讼演说获得公正、适当的判决，并且可将这种说服论证普遍应用于政治机构的议事演说和公民大会的演说。

此外，亚里士多德还充分阐述了听众的情绪，原因在于情绪是改变人们判断的感受。他依次讨论了种种主要情绪：恼火、仇恨、恐惧、羞愧、怜悯、愤慨、羡慕、嫉妒等，以及不同阶层、不同年龄的人的性格，不仅提出了情绪的定义，而且列出了一串情绪对象及其起因。譬如，他把“恼火”界定为一种伴随着痛感的欲求，意在报复那种侮慢自己或其朋友的言行举止。雄辩者只有掌握了这些情绪并适当地运用后，才能对症下药，达到真理和正义。

和其他修辞学家谈论激情与性格不同，亚里士多德从伦理学和道德心理学角度论述品德、性格和情感，这可以说是他的伦理学在修辞学领域的应用，具有严谨、深刻的学理性。总体来说，亚里士多德的《修辞学》从理论的高度对修辞实践经验进行了系统的总结和反思，是修辞学逐渐达到自觉的表现，标志着古典修辞学的成熟。

第 9 章

《政治学》：人是天生的政治动物

政治学创始人

亚里士多德本人认为，政治学是一切科学和技艺中最权威或最主要的学术，其余各种格外为人看重的技能，如军事之术、家政之术、修辞术等，全都归属于政治学之下，为其利用。在他所有的学科中，政治学也有着相当重要的地位，其著作《政治学》是一本不可不读的经典，被公认为西方传统政治学的开创之作，它所建立起来的体系和一系列政治观点直接影响了罗马时期、中古时期和近代的政治体制的发展演变。即使现在，亚里士多德的政体思想依然有着很高的价值，值得我们去研究和学习。因此，亚里士多德被世人认为是古代希腊政体理论的集大成者和西方经典政体理论的创始人。其实，苏格拉底以前的哲学家们的思想残篇中也有一些涉及政治方面的内容，但都只是零星片断，没有比较完整的观点。直到希腊城邦民主制发展和确立，经过希波战争和伯罗奔尼撒战争，各种社会矛盾充分显现，思想家们才开始重点思考人和社会的问题。

也正是在这样的历史背景和思想基础上，亚里士多德才能将政治学作为一门独立的学科进行研究。

亚里士多德写作《政治学》时，正值希腊城邦在马其顿的统治之下，不但社会阶级矛盾进一步加深，而且自由民贫富分化也迅速加快，各城邦自由民对大奴隶主的统治日益不满，参与城邦政治生活的热情也日益冷淡，过去被希腊人奉为真理的“个人离不开城邦”的传统观念开始受到普遍置疑。在这种情况下，亚里士多德著书立说，从“人是天生的政治动物”这一前提出发，坚持强调“个人不能离开城邦而独立生活”的主张，并用伦理道德观念将城邦国家加以美化，指出城邦是个人的本质，国家高于个人，国家的目标是追求最高的善，是达到城邦的美满幸福和优良生活。由此我们可以推断，《政治学》实际上是亚里士多德力图挽救奴隶制城邦国家、建立调和政治的产物。但有一点让我们感到十分奇怪：当亚历山大大帝挥师横扫亚欧大陆，建立起一个空前庞大的中央集权帝国时，亚里士多德在他的政治学阐述中却熟视无睹，依然将他的政治寄托建立在即将衰亡的希腊城邦基础之上。

亚里士多德将其政治学建立在希腊城邦制度基础之上，表现了“当时有教养的希腊人的共同偏见”。据说亚里士多德曾搜集希腊一百五十八个城邦的政治法律制度及其历史沿革资料，进行了详细的分析；除希腊各城邦之外，亚里士多德还曾游历过一些地方，并在文章中提到了埃及、巴比伦、波斯、迦太基和叙拉古等国家的政治体制。可惜的是，亚里士多德搜集而来的关于一百五十八个城邦的资料后来都已佚失了。所幸的是，经过千年之后，这些资料女失而复得：1880 年（也有说 1890、1891 年的），英国贝尔父子在埃及一农业庄园中发现了一堆故纸，内有一叠旧账本，每页背面都写有希腊文。后经考证，这就是亚里士多德关于一百五十八个城邦资料中十分重要的一部——《雅典政制》共六十九章的全文抄本。这部手稿详细记载了雅典政治的演变历史，从早期的军事执政官开始直到亚里士多德晚年，包括从公元前 7 世纪开始的雅典政治制度史和对公元前 4 世纪雅典政治制度的记述，还阐述了当时雅典的法律和选举制度。

《政治学》全书共八卷一百零三章，按内容可分为四个部分。第一部分，包括第一卷和第三卷，探讨城邦、政体等基本理论，认为城邦是至高而广泛的一种社会团体，追求最高最广的善业；人是天生的政治动物，经家庭、村落而组成城邦；政体按其宗旨及最高统治权执行者的人数，分为“常态”与“变态”两大类，前者为君主、贵族、共和三种，后者为僭主、寡头、民主三种。第二部分，包括第二卷，批驳取消私有财产和家庭的主张，评析当时的各种政制。第三部分，包括第四、第五、第六卷，论述现实中的民主、寡头、共和等政体的具体形态、变革原因及其防范措施，提出以中产阶级为主体的共和政体是最稳定的政体。第四部分，第七、第八卷，论述理想城邦中的道德、人口、疆域、民族性和教育等问题，提出和谐发展教育观和教育年龄分期。

亚里士多德在《政治学》中提出一个很重要的命题：“人是天生的政治动物。”这句话指明了人的本质。我们说亚里士多德的实践哲学是人的哲学，而“人是天生的政治动物”这个说法则恰当地表述了人的哲学的基本特征：要将人摆在政治中也就是社会关系中来研究，才能认识人的本质。但是从希腊的政治发展脉络来看，亚里士多德关于“人是天生的政治动物”的一整套政治思想，没能挽救衰落中的古代希腊城邦制度，但是却深刻地影响了两千多年来的西方政治思想。让·波丹、约翰·洛克、孟德斯鸠和卢梭等著名思想家，无不受其政体思想的影响。

国家学说及奴隶制维护者

亚里士多德在政治学领域的主要贡献在于他的国家学说。西方最早的国家学说起源于古希腊的国家学说。苏格拉底和德谟克利特等先哲就已谈到国家的起源、本质等问题，对各种政体也有所论述，但没有完整著作留传下来。对后世影响最大的是柏拉图和亚里士多德的国家学说，他们的学说反映了以雅典城邦为代表的奴隶制城邦国家的状况。柏拉图把国家归结为“人类要求互助的结果”；亚里士多德则认为国家是“集体的最高形式”，是“以至善为目的，为了完成支撑者的一般的普遍幸福的集体，或者说是人们为了追求某种善的目的而建立的共同体”。对亚里士多德而言，国家的出现基于人的本性，因为“人是天生的政治动物”。这“政治”就是指城邦国家、社会集体。他的这一思想核心内容是：人不能离开城邦独立生活，必须结成社会，过有组织的生活；那些在本性上而非偶然地脱离城邦的人，要么是一位超人，要么是一个懦夫，就像荷马所指责的“无族、无法、无家之人”。城邦（国家）高于个人，城邦是人的本质。

希腊城邦的历史是构成亚里士多德政治理论的背景。在亚里士多德生活的时代里，政治就是城邦生活，人们的生活与城邦有着密不可分的联系，即使个体能达到成功，但是如果城邦不能提供保障的话，个体的成功也不能称其为成功。人类不同于其他动物的独特性在于，只有人类能辨别善与恶、公正与不公正等等，而家庭和城邦的结合正是它们的结合。社会和城邦并不是强加于自然人身上的人为的装饰，它们是人类自身本性的外化。所以，城邦就是人性的体现。个人追求的目的是幸福，由个人组成的城邦的目的也是安宁与幸福，两者的目标是互为一致的。这里所说的城邦大部分规模很小，人口不多，一个城邦不管怎样组成，都必须是自给自足的，它一定要达到一个目标并且为了它而存在。“很明显，城邦并不是为了防止相互伤害和促进贸易而居住在同一地区。如果城邦要存在，那么这些事物必须具备。但即使它们一应齐全，城邦也并不因此而存在。城邦是若干家庭和部族为了分享良好的生活，即自给自足的完美无缺的生活而构成的。”

亚里士多德提出，理想的国家体系应该像一棵大树，根系发达，枝叶自然繁盛，它的基础应该是家庭，而家庭是由夫妻和主奴两种基本关系维系着的，这是国家最基本的政治元素，是人类脱离自然的开始，也是人们交往的最初形式。国家是以“至善为目的”，家庭的个体只有作为国家的一部分，才能趋向于至善。人类为了延续后嗣，首先结成夫妇，家庭由夫妻和主奴关系结合而成，是原始的细胞，是人类满足日常生活需要而建立的社会基本形式。随着人口增多、家庭增多和扩大，村落随之形成，村落和家庭一样，都由年长者和有威信者统率。最后，村落又不断发展、演变成为城邦，即国家，这时，人类社会就进入高级而完备的状态。这是一种独特的关于国家起源于家庭的说法，相当接近于事实。国家是社会关系的最高端的形式，在时间上落后于家庭和村落，但在性质上却优于家庭和村落，是以个人主宰为先导的，这种主宰不能超越个人的性质，所以从另一个角度讲，个人的发展即国家的发展，但国家作为集体的组合方式，个人便在优先权上弱于集体。亚里士多德认为，城邦国家同家庭和村落一样都是自然的产物，它们的不同之处在于，城邦国家是一种最高级、最完备且范围最广的社会团体。从这个意义上说，国家以实现最高的善业为目的。所谓最高的善业，就是要创造和保障公民过上既富有高尚道德，又能充分满足物质需要的幸福生活。由此，亚里士多德断言：个人只有作为城邦的组成部分，才能满足其自给自足的生活，最高、最幸福的生活是城邦生活、国家生活。

关于国家的讨论不仅仅从家庭开始，还应当包含另一个重要的元素——奴隶，即家庭中的生产单位。作为奴隶制维护者而言，亚里士多德认为“主奴关系不仅出于自然，而且有益、公正”。他认为“奴隶是一种会说话的工具”，极力维护奴隶主国家制度，把奴隶看作家庭中不可缺少的财产，奴隶作为家庭的一个组成部分，隶属于他的主人，主人和奴隶的关系是社会生产力的保证。正如“有些人与生俱来就是治人的，而有些人与生俱来就是治于人的”这一道理一样，在亚里士多德看来，奴隶是天生的被统治者。他认为，统治者与被统治者之间的区分是天然的，有些人天生就是奴隶，把他们变成实际上的奴隶不仅是允许的，而且是自然而然的。“某些人作为一个人，在本性上是不属于他自己而属于别人的，那他自然是奴隶。如果作为一个人他仅是一件财产，那么他是别人的所有物——一件财产就是一件可以帮助主人行动但可与主人分离的工具。”他还从理论上论证了奴隶制的合理性，认为自然界中到处可以找到高级与低级的对立，如灵魂与肉体、理智与欲望、人与物、雄性与雌性等等，所以，人与人之间也自然存在着这种区分。亚里士多德进一步指出，主人和奴隶，各随自然本性统治和被统治，是有益的和合乎正义的，但如果是滥用权威就会损害双方的利益。在合乎自然的主奴关系中，双方各尽自己的职责，就能产生友爱和共同利益；如果是凭借权力和法律造成强迫的奴隶，就会得到相反的结果。

亚里士多德也同意在实践中，许多奴隶制是不义的。按照习俗，战利品归于胜利者，这包括将战败者降为奴隶。但是，许多战争是不义的，因而这类战争的胜利者无权将战败者当作奴隶。亚里士多德非常注意区分那些天生就是奴隶的人和那些由于军事征服而沦为奴隶的人，他接受前一种人为奴隶而反对后一种人沦为奴隶。然而，他也认为有些人低劣而野蛮，与其让他们为所欲为，不如将他们置于和善主人的统治之下。在谈到“对奴隶的正当对待”时，他提议：“鉴于他们提供的服务，应该可以随时给他们以自由，这是很有好处的。”事实上，在他的遗嘱中，亚里士多德提出要释放他的一些奴隶。

值得一提的是，亚里士多德还看到了政治关系背后的经济关系。柏拉图的理想国提出了“共产、共妻”制度，亚里士多德却认为，如果在现实生活中实行这种制度，必然会出现两个极端：懒惰无所作为和愤恨暴动频繁。这样的国家消除了个人和集体的概念，如果每个人都关心自己的事情，情况会比所要求的好得多。所以，公有制是不合理的，应当在私有制的基础上，有目的地施以仁爱和教化，让民众产生出慷慨的观念，使大部分财产转化为城邦所有，理想的城邦中应该让各种各样的人都占据一定比例，本质上能够互惠互利。所谓“至善”，在城邦中并不是通过消灭私有化来表现，而是依靠全部民众的共同幸福作为追求。实际上，并不需要在物质和制度上实行公有制也可以获得“至善”，只要在城邦内部的全民中间推行高尚的德行。

同时，亚里士多德是第一个提出产品有两重性的人，他说：货物可以有两种用途，一种是本来固有的用途，另一种是非固有的用途。比如一双鞋子，它可以穿在脚上，这是它固有的用途；也可以用来交换，这就不是正常的用途了，因为制造鞋子的原意，只是为了穿，而不是为了交易。在早期社会里，一家人共同使用一切财物，用不着去进行社会上的交易，后来社会扩大了，自己生产的东西用不完，需要的东西又没有，物物交易逐渐发展起来。这种交易应当是互惠的、对等的，不然就会一方吃亏，一方占便宜。只有在对等的条件下，双方才能各得其所，才能相通。交换中的东西都应该在某种形式上能比较，为了比较，于是人们发明了货币作为交易的中间物，它衡量一切，并且决定价值的高和低。这样就改变了交易的方法，从物物交换变成了使用货币的买卖。然而，货币本身是可以无限制地获得和积聚的，因此人们就开始贪婪地聚敛财富，以至致富成了人生的最后目的。在此，亚里士多德认为最为可恶的致富方式是放高利贷，即利用货币本身而不是通过货币的自然目的来获利，因为货币本来是用于交换的，不是用来增加利息的，因此在所有致富的方式中，放高利贷是最违背自然的。

常态的和变态的六种政体

亚里士多德一再强调，国家的存在是为了每个人道德和理智的完善。他说："国家的存在是为了好的生活，而绝不仅仅是为了生活"，"国家是家庭和村社在一种完满自足的生活中的联合，这是一种幸福高尚的生活"。然而，一个国家能否带来好的生活，要取决于它的统治者如何行事。所谓"政体"，即政治制度，是指对一个城邦行政机构的安排，特别是对最高机构的安排。在城邦里，城邦政府的权力高于一切，事实上，政体也就是政府。当一个城邦能够顾及全体民众的利益时，它便是好的城邦，反之，当它只考虑自身利益时就是会招致毁灭的政府。亚里士多德认为，在适当的条件下，一个社会可以把自己组织成三种形态的政体，它们之间最基本的差异是每种政体的统治者数目。一种政体的统治者数目可以是一个人、少数人或多数人，但其中每一种政体又都分别可以有一种常态或一种变态。当一种政体运作正常时，它是为了所有人的共同利益而进行统治；当政府的统治者只谋求自己私人的利益时，这个政体是反常的。

综合而言，在亚里士多德看来，划分政体的标准有两个：一是依据掌握国家权力的人的多少，即一人执政，少数人执政还是多数人执政；二是根据最高权力拥有者的统治目的，即是以全城邦公民的共同利益为目的，还是以执政者的部分利益为目的。依据这两个标准，他将政体划分为两大类、六小类。第一大类是常态的政体，即以全体公民的共同利益为目的政体，分为君主政体（一人掌权）、贵族政体（少数人掌权）和共和政体（多数人掌权）；第二大类是变态政体，即以统治者的部分利益为目的的政体，分为僭主政体（一人掌权）、寡头政体（少数人掌权）和民主政体（多数人掌权）。

君主政体，是由父权制发展而来的，由古代氏族部落的酋长、军事首领或人民选举出来的一个或两个领袖进行统治。亚里士多德认为如果真能有这样一个出类拔萃的圣人来当统治者，可能是最好的政体，“当一个家族或者个人其才德超群出众、远在他人之上时，那么，这个家族或这个人成为统治一切的王室或君主就是合乎正义的”。但是他也指出：现实生活中，如果只由一个人来统治，难免发生错误，特别是由他终身任职，还可以由他的子孙来世袭，便很容易成为它的变态——僭主政体，也即专制暴君的统治。如此，一开始是非利己的、为全体人民谋幸福的政体，就蜕化变成了利己的统治，不关心人民的生活。所以，僭主政体是最坏的一种政体。亚里士多德列举了一些事例说明这种坏的政体是如何进行统治的：当僭主遭受危机时，通常的选择是暗杀有才能或受到别人拥戴的人，禁止公共集会、聚餐以及一切可能触动公共情绪的教育，停止文艺演出和演讲，防止人民受到剧情和演讲内容的影响等等。在此，亚里士多德特别表现出了他的歧视感，他说："他（僭主）为了防止他的人民散布对他不利的言论，经常要授权给女人和奴隶，让她（他）们成为告密者，他还要雇用像叙拉古女人那样的密探，派遣她们刺杀他的对手。"

贵族政体，是少数有德才的贵族来担任统治的政体形式。亚里士多德再三强调，贵族政体才是最理想的政体，这主要是因为就算我们再努力，杰出的人总还是少数。一个贵族政体中，统治者是一群这样的人，他们优秀的程度、他们的成就和拥有的财富，使他们有责任心、能干，领导有方，他们极为关心城邦和公民所共同的最大的善事。在希腊文里，贵族政体、最优秀的人、最大的善事，三个词根都是来自同一词"善"的最高级形式。当时希腊每个城邦都有少数几家有财有势的贵族，城邦政权往往被他们所掌握。贵族是高贵的，他们的权力往往可以世袭。然而，被亚里士多德列为理想的贵族政体的，显然不是指这个层面上的意义。就君主政体和贵族政体来看，他们都是由少数人执政以求达到多数人的共同利益。这与柏拉图在《理想国》中一直推崇的"哲学王"，实质上是一脉相承的。但是，亚里士多德也知道，在现实生活中，理想的贵族政体并不存在，很难保证他们不发生变化，最终演变成由少数没有才能的、恶的贵族执政，也就是寡头政体。寡头政体是贵族政体的变态，由拥有财富的人执政，且只关心自己的幸福，不顾对全体人民的义务，这样的政体同样是不可取的。

共和政体，就是立宪政府。亚里士多德认为，共和政体是由大多数人（奴隶除外）来进行统治，如果能制定出好的宪法，按照宪法行事，那就是理想的政治。既然共和政体是多数人的统治，就应重视平等和自由的原则。所谓平等，就是人人都一样有当统治者的权利；所谓自由，就是人人都能过自己想过的生活。如果是这样，共和政体应该在宪法上规定：让人民轮流统治，且不能有终身制，官吏的任期要短，无论是议决国家大事，还是进行审判，都应该对人民公开。但是亚里士多德指出，这种理想的共和政体在现实中也不存在，宪法往往被破坏，所谓的共和政体，只能有名无实。被称为共和政体的实际上是当时希腊存在的民主政体，民主政体是共和政体的变态，它由多数人执政，是平民的政体，只顾平民利益。在《雅典政制》中，亚里士多德记述了公元前 6 世纪克里斯提尼改革的情况。为了限制贵族的权力，克里斯提尼在平民的督促下，进行了加速雅典国家制度民主化的改革。他推行的一系列运动，极大地丰富了自梭伦时代起就一直加强的民主内容。对此，亚里士多德评论说，在民主制的城邦内部，尤其是雅典，其选举行政首长的方式往往是寡头制的，而抽签选举的方式才是民主制的。这样说来，雅典现实生活中所实施的民主制也不是好的政体方式。

那么，结合现实与理想，究竟什么才是好的政体呢？究竟什么样的政体才能既实现正义，又谋求公民幸福呢？亚里士多德在《政治学》一书中，多处阐述了他的“中庸”政治思想。正如在《伦理学》中亚里士多德主张不要过度和不及，只有在中间找出适当的度才是好的道德一样，在《政治学》中，他也主张最好由中产阶级实行统治。因为中产阶级处于中间位置，受过一定的教育，易于听从理性，免于极端；同时，中产阶级也能团结富人和穷人，制定政策时会同时考虑两者的利益，避免城邦党派纷争，所以其政策最值得遵循。亚里士多德认为，这是“绝对不应该忽视的至理”，凡是中产阶级登上领导位置的就没有贪污和渎职的事件发生，一个好的城邦，应该是中产阶级占主要力量的所在。他说：“在一切城邦中都有三个部分或阶层，一部分是极富阶层，一部分是极穷阶层，还有介于两者之间的中间阶层……一个城邦本应尽可能地由平等或同等的人构成，而中产阶层就具备这种特征。我们说，由中产阶层构成的城邦必定能得到最出色的治理，这完全符合城邦的自然本性。这类公民在各个城邦中都是最安分守己的，因为他们不会像穷人那样觊觎他人的财富，也不会像富人那样引起穷人的觊觎……显然，最优良的政治共同体应由中产阶层执掌政权，凡是中间阶层庞大的城邦，就有可能得到良好的管理。”他强调说：“愈接近中道（庸）政体的政体必然愈好，而离之愈远的政体必然愈恶劣。”同样的理由，亚里士多德指出，较大的城邦比较小的城邦更少于派别之争，因为在较大的城邦里，中等的人数最多；相反，在较小的城邦，所有的人很容易被分为两种：几乎只能分为富人和穷人，中产阶级没有存在的余地。

此外，亚里士多德还对政体的变革作了分析。他认为变革有两种。第一种是以较好的新法代替旧法。他认为，成文法不应当一成不变，但变革要慎重，如轻率的变革必然消灭民众守法的习性。第二种是政体的变革，即由于治理不当引起政体的变革，由内讧诉诸武力，从而演化为革命，革命会使现行政体变革或是政权由另一个党派控制。亚里士多德说，针对这些革命的原因，每种形式的政府都可以采取一些预防措施。例如，君主必须避免独断专行，贵族政府应该避免由少数富人为了富裕阶级的利益来进行统治，一个共和政府应该让那些更能干的成员有更多时间来参与统治。亚里士多德进一步从几个方面详细地论证了该如何防止革命：第一要加强法治，使广大城邦的民众意识从本质上了解法律的重要意义；第二要广泛地分散民众的权利，既要让他们公平地参与选举仪式，又要避免他们分担更多的城邦事务；第三要在城邦内部保持一种均势，尽量增加中产阶级的数量，防止穷人因贫苦而暴动；第四要在城邦内部寻找各等级比例关系，这种关系不应该由当权者或是被统治者决定，而是属于城邦土地所有制上的问题，通过合理的分配，寻求一种相对的平等，才能够执行最大的正义。这四点中，亚里士多德指出，最重要的还是第一点，“没有什么东西比守法的精神更值得加以精心维护的了”。归根结底，人们在一个国家的生活条件使他们能够达到幸福，达到他们认为的好的生活时，他们才不会批评这个国家。

法治思想

研究亚里士多德的政治学观念，就不得不提及他的法治思想，只有掌握了其法治思想以后，才能全面把握亚里士多德的政治观。在论述其法治思想时，亚里士多德总是把它同城邦国家联系在一起，他强调法治，曾经说过：“法律不应该一直是政体的配角，必须赢得主要的统治地位。”同时他认为“法律是不受情欲影响的理智”，法律是一切行文的至上，是对城邦的根本拯救。城邦国家不能没有法治，善邦必须有善法。与柏拉图强调人治观不同，亚里士多德认为法治优于人治，法治是最好的统治，因为法治具有一种人治所不能达到的“公正性质”，人治中的“人”，尽管聪明睿智，然而却有情感，因而会产生不公正、不平等，会使政治腐化；另外，人治是一个决断，法律是由许多人决定的，群众总比个人能作更好的判断。这种法治理论被后世的思想家发展完善并成为治国方略或基本原则。亚里士多德也就因此成了法治理论的倡导者。

对于人治和法治的关系，亚里士多德进一步论述道，即使由某个人统治更好，他也应该是法律的捍卫者和监护人。在法律不能作出规定的地方，人也不可能作出明断，何况人还可以根据经验修正和补充现存的法规。所以可以说崇尚法律的人是只相信神和理性的人，而那些崇尚人治的人则在其中添上了几分兽性，因为欲望就是兽性的表现，激情会扭曲统治者的灵魂，即使他是最好的人。法律是摈弃了欲望的理性，不偏不倚。亚里士多德说：“让一个人来统治，这就在政治中混入了兽性的因素。常人具有不完全消除的兽性，虽最好的人们也未免有热忱，这就往往在执政的时候引起偏向。法律恰恰是免除一切情欲影响的神祇和理智的体现。”寻求正义的人往往就是寻求中道，而法律就是中道，所以习惯法比成文法更具权威，涉及的事情也更加重要。人治也许比成文法可靠，但也不会比依据习惯的不成文法更可靠。亚里士多德的这段论证为法治作了强有力的辩护，他认为根据法律治理就是由理性统治，而由个人统治难免含有兽性即个人的欲望和好恶，只有法律才是摒弃了欲望的理性，也才能达到他所要求的中道。其实，这种法治思想，也正是亚里士多德中庸政体思想的体现。

亚里士多德在解决法治和城邦国家的关系问题时，着重强调了两者的目的都是为了善德，它们都是以公共利益为依据的正义，无论自然法还是人定法都代表了正义。他的《政治学》开宗明义地提出国家的重要性，国家是最高的社团，以善业为目的，一切社会团体的建立，其目的总是为了完成某些善业……既然一切社会团体都以善业为目的，那么我们也可以说社会团体中最高且包含最广的一种，它所求的善业也一定是最高且最广的。这种至高而广泛的社会团体就是所谓“城邦”，即“政治社团”。他说：“凡订有良法而有志于实行善政的城邦就得操心全体人民生活中的一切善德和恶行……如果不是这样，法律也无异于一些临时的合同，而法律的实际意义却应该是促成全邦人民都能进行正义和善德的制度。”

按照亚里士多德的解释，政治学的善就是正义，而法律的最后目的也是为了达到善德和实现正义，因此政治学和法律都是以正义为转移的。相应于城邦政体的好坏，法律也有好坏，即合乎正义和不合乎正义。既然法律是根据政体（宪法）制定的，那么符合于常态政体所制定的法律就一定合乎正义，而符合于变态政体所制定的法律就不合乎正义。如前所述，在所知的六种政体中，亚里士多德认为，以中产阶级组成的政权最为稳定、优秀，这种政体的最大优点还体现在中产阶级具有“中庸”的美德，能适应理性，不会走极端。一个城邦国家要实行法治，必须制定有良好的法律，这是前提条件，但是如果良好的法律得不到遵循，仍然不能实行法治。为了防止政体统治者滥用权力，他又提出统治者不能终身制，不能世袭制，而是要由法律规定统治者的任期，任期不能太长，应当让大多数人轮流执政。总而言之，亚里士多德的政治学主旨在一个“善”字，通过这个“善”引导个人走向成功的人生，引导社会寻求一种最佳的统治方式。

第 10 章

《尼各马可伦理学》：德性伦理哲学

三部伦理学著作

亚里士多德的实践科学包括伦理学和政治学两方面的内容。这些著作不是手册、指南那种意义上的实践指导，而是建立在大量的历史和科学研究之上，充满了分析和论证的。实践科学和理论科学不同，在实践领域中，已不再是纯粹思想的自我认识，实践知识的目的不在于自身而在于行动：人们为了更好地行动而学习处世的经验，为了统治而了解治国的秘密。这正如亚里士多德本人在其著作中所说的那样，“本专题论文不像其他论文那样为了理解而进行研究——我们现在进行的研究不是为了认识何为善，而是为了变成一个好人”。因此，亚里士多德把自己的实践哲学称为“人的哲学”，它实际上是希腊古典时期对人和社会所作的理性主义研究的总结和集大成者，也是后来西方人文主义、人道主义思想的起源。

众所周知，伦理学起源于苏格拉底，经过柏拉图，到亚里士多德这里时，已具备了对整个希腊化时代的伦理思想的总结意义。古希腊哲学家所关心的是描绘幸福和德性的关系。苏格拉底将一切德性归结为知识：德性即知识，一个人行恶是出于无知，人并没有明知故犯的道德弱点。苏格拉底还主张知识、德性和幸福密切相关，把他的观点极端化地用于实践。柏拉图继承了苏格拉底的传统，在《理想国》中，他将智慧列在统摄其他德性的地位，并且在“相的世界”中设定了一个最高的“善的相”。而亚里士多德的贡献在于，他看到了伦理学上“自愿或意愿”与“非自愿或非意愿”的区分，强调了自愿或意愿的重要性，从而为德性建立了稳固的基础。自此，伦理学者们知道，德性固然有赖于知识和理性，但也依赖于自愿或意愿。亚里士多德伦理学中的每一点都与他的形而上学相互对应。形而上学本质上是一种乐观的宇宙信仰，相信目的因的重要性，认为变化总体上来说预示着物质的不断增多、世界的不断扩大。但亚里士多德的伦理学却是一种实证学说，是建立在当时人们理智接受之内的对常识的观察之上的。这一点又与他的形而上学不相一致。

亚里士多德留传至今的伦理学著作有三部：《尼各马可伦理学》《欧德谟斯伦理学》和《大伦理学》。尼各马可既是亚里士多德父亲的名字，又是他的儿子的名字；欧德谟斯是亚里士多德亲近的学生。关于这几部著作的作者，曾有过不同的说法：一种是说《尼各马可伦理学》《欧德谟斯伦理学》之所以有这样的名称，是因为它们分别是由他的儿子尼各马可和学生欧德谟斯编定的；而古代注释家波菲利不同意这种说法，于是便有了第二种说法，即这两部著作是亚里士多德“奉献”给尼各马可和欧德谟斯的。现在，我们一般认为这三部著作均出自亚里士多德之手。三部著作中，《尼各马可伦理学》有十卷，《欧德谟斯伦理学》有八篇，而《大伦理学》

只有二卷，是篇幅最小的，那为什么唯独它被称之为“大”呢？一种解释是因为它是以初学者为对象而编写的一份提纲，只讨论伦理学中一些基本的大问题，如什么是善，所以称为“大”。无可否认的是，《尼各马可伦理学》是所有伦理学著作中最重要的一部，无论从历史的观点还是从现代道德哲学的观点来看都是如此，同时，它还是西方哲学史上最重要的伦理学经典著作之一，是二十世纪下半叶以来西方德性伦理学复兴的中心模式。

在亚里士多德的三部伦理学著作中，《欧德谟斯伦理学》这部著作即便在研究亚里士多德的学者们中间，钟爱它的读者也为数寥寥。我们需要注意的是，不知出于什么样的原因，《欧德谟斯伦理学》的第四至第六章和《尼各马可伦理学》的第五至第七章完全一样。有些学者认为《欧德谟斯伦理学》内容不成熟，后来被写于吕克昂时期的著作《尼各马可伦理学》取代了。而《大伦理学》则被认为是三部伦理学著作中最早的一部。这三部论著的内容非常近似。亚里士多德认为，伦理学的对象是善，善是一切事物都追求的目的，各种具体的善积累起来就成了至善，实践中的至善就是幸福。因此，伦理学主要研究的是：人的行为、性格以及它可能达到的最佳状态和达到这种状态的最好方法。伦理学一词来源于希腊语，这个希腊语单词的实际意思是“与性格有关的问题”，更好的标题翻译应为“论性格问题”，而现今人们一般就根据英语将它译作“伦理学”了，这很容易造成误解，因为亚里士多德的“伦理学”绝非我们现代意义上的伦理学，主要是指给人们提供一条使人们通向成功的道路的学科。

论“善”与幸福

《尼各马可伦理学》从第一卷开始至第三卷第五章是伦理学总论，主要讨论“善”和“德性”问题。基于“善”的含意在中文和希腊文里的差别，我们尤为需要注意亚里士多德伦理学中的“善”。希腊人认为，“善”是个价值概念，任何好的东西都是“善”；类似的，亚里士多德讲到有财富、有荣誉是“善”，人类最大的“善”是幸福，即生活得很好，等等。然而，中文的“善”却没有这样广泛的含义，只有在道德上是好的才称为“善”，因此，亚里士多德所说的许多“善”的东西，在我们中国人的思维里只认为是好的，却没有人说这些是“善”。又如，亚里士多德还将“善”与一个事物的特殊功能联系起来：如果一把锤子能够做到人们期望它能够做到的事情，就是“善”；如果一个木匠实现了他作为一个建造者的功能，那么他也是“善”的。这对于所有的技能和职业而言都是对的，但是亚里士多德将一个人的技能、职业与他作为一个人的活动区分开了。例如，亚里士多德感到做一个好医生与做一个好人并不是一回事，一个好医生可以并不是一个好人，而是一个邪恶的人。这里的医生有两种不同的功能：医疗的功能和作为一个人而行动的功能。根据亚里士多德的看法，一个善的人就应该是这样一个人，他实现了作为一个人的功能。

亚里士多德在其伦理学思想中贯彻了他的目的学说，即人类的一切行动都有某种目的，这种目的可以成为达到较高目的的手段，而较高目的又是达成更高目的的手段。以此类推，最后达到的最高的目的或目标，就是终极的原则或“至善”，这是所以要追求其他各种“善”的目的。《尼各马可伦理学》开篇就说：“一切技术，一切科学，同样，一切活动和研究都被认为是以某种善为目的的，善是一切事物所追求的目的。”然而，不同的事物追求的目的不同，人所追求的终极目的是“至善”。关于至善的意义，亚里士多德提出过“幸福即至善”，认为“至善”才应是伦理学关注的对象，并且是人们行动过程中可以实现的目标。对此，多数人意见都是一致的，都认为“至善”即是幸福，并且把“美好生活”和“善良行为”当作幸福。他斥责柏拉图的“善”的理念不过是一种空洞的形式而已，因为这种“善”的理念是超验的，它和行为没有任何的关系，这种独立存在的“善”是人根本无法达到的。在亚里士多德看来，一个事物的“善”在于它特有性质的实现，人的特殊本质不单纯是有肉体存在，或带有欲望的感觉，行使植物和动物的职能，人和一切其他生命实体的根本差别在于理性，人之所以为人就在于他有理性，人的生活是有理性的生活；一个人的行为是否符合德性，关键在于他的欲望、情感等非理性部分是否能服从理性的律令，只有当欲望、情感服从理性的律令时所发生的行为才是一种道德的行为。

既然“幸福即至善”，“至善”的终极目的是“幸福”，那什么又是幸福呢？多数人的看法和有智慧的人的看法不同。多数人认为诸如快乐、财富、权势和荣誉是幸福；不同的人在不同的情况下会有不同的看法，比如生病时认为健康是幸福，贫穷时认为财富是幸福，无知时认为知识是幸福。可是有智慧的人认为，在这些善以外还有个“善自身”，它以其自身而不以任何别的东西为目的，所以说最高的善，也就是幸福，换言之，人类追求幸福不是为了别的，就是为了幸福本身。这就是所谓“幸福的自足性”。从这个层面上来理解，“自足”可以说是最终的目的。但自足并不是指一个人可以自己孤独地生活，而是要在父母、子女、妻子和一般说来的朋友或邻里这个关系中而言的，人的本性是城邦的。“人是天生的政治动物”，这是亚里士多德在《政治学》中始终的观点，一个孤独的人不可能自我完善，只有在城邦即社会中才能达到自我完善和自我满足。因此我们说自足的生活才是幸福的生活。亚里士多德还认为，幸福生活离不开勤劳，一个人越高尚，生活越严肃认真(勤劳)，这种生活的现实活动就越优越，从而就越幸福。所以“什么都能享受肉体快乐，奴隶也不比出身名贵者差”，但不是什么人都可以生活幸福，“幸福”必须要“合乎德性”，即怎么样做一个有用的人。即使是运用了官能但缺乏效能，也不能认为是获得了成功的人生。只有那些合乎真正德性的现实生活活动，才是完满的幸福。

亚里士多德进一步指出“幸福内在于思辨”，完满的幸福在思辨活动之中。人区别于动物，主要在于人拥有理性思维的能力。人身上“包含有神圣的东西——我们称之为智慧的东西是神圣的”，并且我们的智慧是“内在于我们的神圣的东西”。事实上，亚里士多德曾说：“我们每个人都是有智慧的人，因为这是我们至高无上的、最好的元素。”一个人要想幸福，要想取得成功的人生，就必须进行智慧上的追求，而智慧的活动恰恰是有德性的活动的最大快乐，所以亚里士多德认为“哲学以其纯洁和经久而具有惊人的快乐”。幸福是自足的，只有从事智慧活动的人能够靠自己进行这种活动，而且智慧高超的人都是独自进行思想的，越是独自进行思想，其智慧也越高。亚里士多德还认为，理论思想并不为其他外在目的服务，而只是为了理论的理论，为了思维的思维。幸福以自身为目的，理论思维恰恰也是以自身为目的的。幸福存在于闲暇之中，理智的活动则需要闲暇，它无所外求，自得其乐。纯思维活动的这些特征均是至善至福的属性，所以亚里士多德指出，“如果一个人能终生都这样生活，这就是人所得到的完满的幸福”。这样的追求给人以无限的乐趣，智慧生活给人提供了无与伦比的幸福，“因为不但理智在我们身上是最好的，而且理智的对象也是可以知道的对象里最好的”。那些遵循理智而活动并珍爱理智的人，似乎处于最佳状态，最为神所钟爱。如果神关心人的事情，那么人们有理由认为，神所喜欢的是最好的，与他自身最相似的部分（即理智）；他喜欢那些尊重和珍视理智的人，因为他们所关心的东西正为神所珍爱，并且行为端正而高尚。很显然，有智慧的人是为神所钟爱的，而为神所钟爱的人也将是最幸福的。这就是说，有智慧的人才是最幸福的人。不过，亚里士多德的主要论点不是幸福存在于智慧活动，而是有德性的智慧活动构成了人幸福成功的生活。

德性品质

既然亚里士多德认为“幸福是灵魂的一种合乎德性的活动”，那么我们就必须对德性加以考察，因为它能够使我们更好地观察幸福。这里所说的“人的德性”，并不是身体的德性，而是灵魂的德性。亚里士多德十分强调，对政治家而言，理解灵魂自身是非常重要的。在他那里，作为实践科学两大部分的政治学和伦理学密切相连，伦理学是政治学的起点，政治学是伦理学的完成，政治学家应该对灵魂有所认识，正如医生要治病必须对身体有所认识，然而对灵魂的认识更为重要，所以政治学比医学更为高尚。

亚里士多德首先指出，灵魂具有非理性部分和理性部分。在非理性部分中，有一部分为一切生物所共有，即营养和生长原因。必须承认，在一切能摄取营养的东西中，甚至胚胎中都有灵魂的这一潜能，这种能力看起来是众所共有，而并非人所独有的德性。但灵魂还有另外的本性，无论是自制的人还是不能自制的人，我们所称道的是他们的理性或他们的灵魂中具有理性的部分，只是这理性的部分又包括了完全理性的和非理性的两部分：理性的非理性部分具有欲望，如果欲望服从理性，则这部分就是理性的；如果欲望不遵从于理性，则是非理性的。

德性也可以根据灵魂的这种区别而加以划分：我们把一些叫作理智德性，另一些叫作伦理德性，前者主要指智慧、理解、明智；后者主要指节制、宽宏大量。理智德性大部分可以通过教育的方式而产生或增长，需要经验和时间。而伦理德性则出于习惯，“伦理的”就是从“习惯”这个名词演化而来。所以，在我们看来，显然没有什么伦理德性是生而有之的，因为自然的本性是不会因习惯而改变的。亚里士多德举了两个例子来说明这一道理：“石块的本性是下落，你不能把它训练得习惯于上升，即便你把它向上抛一万次也不行。你同样也不能使火焰下降。”因此伦理德性是可以改变的，它既不是出于自然本性，也不违反自然本性，而是将它自然地接受下来，通过习惯使它完善起来。进一步，亚里士多德指出，自然赋予我们各种能力，我们总是先有能力然后才用于行为。但德性却是先做一些简单的行为然后才能形成的，这和技艺的获得一样，由于实行正义的行为而成为正义的义，由于实行节制和勇敢的行为而成为节制和勇敢的人。同样，伦理德性也是这样，“我们由于不贪图享乐而变得节制，而在变为节制的人之后，我们就更加回避享乐。这一事例也可用于勇敢，我们习于坚定而不畏恐惧，这就成为勇敢的人，而在成为勇敢的人之后，我们就更加坚定和无畏”。因此，我们必须十分注重德性的形成，从小养成这样或那样的习惯是非常重要的，它可以造成重大的甚至根本的不同。显然，亚里士多德是把德性的形成看作一个过程，一个实质上是逐渐养成道德习惯的过程，即“德性生于天性，成于习惯”。

在古代希腊有四种主要的德性，即智慧、勇敢、节制和正义，柏拉图在《理想国》中重点讨论的就是城邦和个人的这四种德性的关系。关于智慧的问题，亚里士多德认为它不是和勇敢、节制以及正义并列的一种特殊的德性。《尼各马可伦理学》第六卷专门讨论了智慧、理性和伦理德性的关系，并且提出“实践智慧”的思想。现在，我们就先从这些个别的德性即各种道德行为谈起。关于勇敢，古希腊文化和其他古代文明一样，特别崇尚勇敢，勇敢是希腊人社会生活诸德性之中的最重要的一种。勇敢处于恐惧与鲁莽之间，是恐惧与信心方面的适度，是一个人面对高贵的死时在恐惧方面的适度品质。虽然勇敢是无恐惧，但无恐惧不等于勇敢。因为，对某些事物（如耻辱）感到恐惧是正确的；对某些事物，即那些不是由于我们自身原因而产生的坏事物（如疾病），不感到恐惧也并不是勇敢；对某些事物（如妻子受辱）感到恐惧也不等于怯懦。亚里士多德认为，并不是什么死都不该怕，比如不怕病死并不算勇敢，在战争中不怕死才是勇敢。所以，勇敢的人“怕他所应怕的，坚持或害怕他所为的目的”，并且是“以应有的方式”，“在应有的‘时间’内去害怕它们”。他说：“一个勇敢的人，要把握有利的时机，按着理性的指令和感受而行动；一个勇敢的人，他的全部现实活动的目的，都是与他的品质相吻合的……他为了高尚和美好而坚持，而勇敢地行动。”中国古语道，“死或重于泰山，或轻于鸿毛”，很形象地说明了这个道理。进而，亚里士多德把勇敢分为五类：公民的勇敢、经验的勇敢、怒气的勇敢、乐观的勇敢和无知的勇敢。每一种勇敢依次优于其后面的勇敢；同时，他也指出，在快乐和痛苦之间，勇敢本性上是痛苦的，它意味着承受痛苦，尽管其目的令人愉悦，而且，一个人越有德性，面对死亡就越痛苦。换言之，一个人的德性越高，他就越幸福，生命对他也越有价值，这样他对死亡就会越感到痛苦，因为他将失去最好的东西。但他仍然会坚持勇敢地去死，因为这是最高尚的，对生命的最大奖励。所以并不是每项德性的现实活动都是快乐的，只有在达到高尚的目的时才是真正的快乐。

关于节制，亚里士多德说节制是在快乐与痛苦之间的适度，不及是冷漠，过度则是放纵。他指出节制并非与一切快乐和痛苦有关，那些灵魂上即精神上的快乐如爱荣誉、爱学习，以至喜欢收集奇闻逸事、爱好闲谈的人，都没有什么节制和放纵的问题。节制只是与身体上的，尤其是触觉上的快乐与痛苦有关，这种身体上的快乐出之于人和兽相同的那些欲望，如吃饭、喝酒都是容易引起放纵而需要节制的。但对这些东西，只作适度追求，还算是在德性的范围之内。亚里士多德认为，儿童是按欲望生活的，而最大的欲望就是追求快乐，如果不管教，违背原则，使其膨胀，就成为放纵。所以，欲望性的生活也应遵守理性指导，不至于违背理性，在适当的时间，以适当的方式去追求，就是节制。

关于正义——现在也有人译为“公正”——它有两种意义：守法与平等。守法是总体上的正义，守法的正义不是德性的一部分，而是涵盖着德性的整个范围。自古以来，“正义”

在古希腊生活中就高居重要的地位。传说，古代希腊神话中有位狄凯女神，她是宙斯的女儿，专门将人世间不义的事情报告给宙斯，然后用利剑刺穿不义者的心以作为惩罚，因此人们将她称为除暴安良的正义女神。亚里士多德对正义的论证，至今仍为学术界（特别是哲学、伦理学、法学、政治学界）奉为经典论述。正义是贯彻一切德行的最高原则，个人道德要依靠它，社会道德也要依靠它。亚里士多德所讲的正义，最大特点在于它走入现实之中，详细对现实中的正义作了重要的分类，他区分了社会中“自然的正义”和“约定的正义”。换言之，社会上的关系与行为规范，几乎都是“天生之，人成之”，社会上的道德和正义，绝大部分是靠习惯。这一思想成为今日西方学术界区别社会和道德生活、分别地讲自然与约定的先导。亚里士多德进而又分析分配的正义、矫正的正义、回报的正义和政治的正义。此外，正义在具体内容上也有相对正义与绝对正义之别，相对正义亦即法律上的正义，它是人们相互协定的结果，这种正义原则可能因时因地而有所不同，有时还会发生矛盾和冲突；绝对正义则是一种普遍的、永恒不变的原则，它不受时空的限制，具有绝对的性质，如“不得无故杀人”就是这种正义。在亚里士多德看来，这种永恒不变的绝对正义是对相对正义的一种平衡力量，因为绝对正义是任何人都必须遵守的。这些创见日后成为经济学、法律学、政治学赖以成立的依据，也是亚里士多德在哲学、伦理学等学科上重大的成就与贡献。

那么，“实践智慧”指的又是什么呢？亚里士多德说，要在任何时候都恰如其分，需要一个人的行动和感情遵从正确的理性。这不是一个习惯的问题，而是更理智的问题，并且需要拥有“实践智慧”的理智之德，由此他便引入了“实践智慧”

这个概念。《尼各马可伦理学》第六卷第五章专门讨论了“实践智慧”。亚里士多德认为：有实践智慧的人善于考虑对自己是好的、有益的事情，但不是部分地在某个方面有益，而是对整个生活有益的事情；有实践智慧的人并不去考虑那些不变的东西，因为对不变的东西是不可能有所作为的，所以有实践智慧的人只对那些在生活中经常变动的事情才加以深思熟虑，考虑它们如何才能对自己有益。因此，我们可以这么理解，实践智慧就是“能正确处理对人自身有益处的事物的能力和品质”，具有实践智慧的人能正确理解幸福及组成幸福的德性的作用，并且能把这些理解应用在日常生活中。

虽然说实践智慧是通过谋划、了解、谅解以及聪明这些精神能力来进行，但这些能力却是既可能产生好的行为，也可能产生坏的行为的，因为人有不同的品质，好人以善为目的，坏人以恶为目的。亚里士多德已经看到在这些伦理行为背后有一个起决定作用的东西，那就是人的品质，只有好品质的人才能以善为目的，具有这种品质的人才是有真正实践智慧的人。尽管如此，亚里士多德始终还是认为，实践智慧不能主宰哲学智慧，只有哲学智慧才是最崇高的。

中庸哲学之道

亚里士多德哲学思想的一个显著特点是中庸之道，这不仅是他所信奉的伦理原则之核心，也是他思想方法的一大特色。所谓中庸之道，即是被莫尔称为“道德中间法”的学说，它认为值得称道的德性都是两种极端做法的中间道，极端的做法就是罪恶，比如从健康及体力角度而言，健康及体力在太多或太少食物、太多或太少运动量的情况下，都会受到伤害，只有适当的食物及运动，才能创造并保持健康。同样，勇敢、节制这类德性也是如此，一个人如果对什么都害怕回避就是懦夫，反之天不怕地不怕敢冒一切危险的便是莽汉；如果沉湎于一切享乐不能自拔的是放浪形骸，但如果摈弃一切享乐便成了麻木无情。所以节制和勇敢都会被过度和不足所破坏，只有中道才能保持和维护它们。因此，亚里士多德总结道："一切行家都要避免过度和不及，而寻求和选择中间……因为'恰到好处'会因过度和不及遭破坏，通过中道而保命。如同我们所说的那样，好的木匠工作时，总要看准中线。而德性如同自然一样，比任何技术更精确、更优美，那么当然要以中道为准则……在恐惧、鲁莽、欲望、愤怒、怜悯等情感中，以及在一般的快乐和痛苦中，人们都可以感受到过度和不及，这两个极端都是不好的，而适当的时间、适当的对象、适当的关系、适当的目的、适当的方式，则是中道和至善，为德性之所有……所以，就其本质以及它是什么的原理而言，德性就是中道。"

对于中庸之道，亚里士多德特别提到两点需要人们注意。首先，并不是一切行为都有"适度"这一规则可循，那本身即是恶的行为就没有什么适度可言，对于恶意、无耻、嫉妒等感情，以及奸淫、偷盗、谋杀等行为，我们就不能说它们其中还有适度存在。同样，本身即是德性的行为中也无所谓适度或不及，我们不能说在勇敢或节制的行为中还另行存在着过度或不及。

其次，亚里士多德认为中庸有绝对中庸与相对中庸之分。绝对中庸即事物的中道，事物的中间；相对中庸是对人而言，指的是不太多，也不太少，而且因人而异。关于这一点，亚里士多德是这样讲的："我所说的事物的中间，就是指与两端距离相等之点，这个中点对一切人都是单一的、相同的。至于相对于我们的中间，即相对中庸，就是既非过度也非不及，这样的中间对一切人并不是单一的，也不是相同的。”比如一个人不能将两个价值极端的数目相加，用二除就能决定德性之所在；一个人吃多少东西才合适，完全依个人的体质和需要来定。但这不是说由此推出德性是主观的。

另外，在中庸的具体实践上，亚里士多德点明了其本质意义在于“使所受者节制自身言行、遵循正直之道”。在亚里士多德的中庸哲学中，最著名的是他关于个人修养的一段文字，描述了最好的个人行为，即“恢宏大度的人的美德”：

> 恢宏大度的人既然所值最多，所以就必定是最高度的善，因为较好的人总是所值较高，而最好的人则所值最高。因此，真正恢宏大度的人必定是善良的。各种德行上的伟大似乎就是恢宏大度的人的特征……所以恢宏大度似乎是一切德行的一种冠冕；因为是它才使得一切德行更加伟大的，而没有一切德行也就不会有它。所以真正做到恢宏大度是很困难的；因为没有性格的高贵与善良，恢宏大度就是不可能的……恢宏大度的人被人认为是蔑视一切的……恢宏大度的人并不去冒无谓的危险……但是他敢于面迎重大的危险，他处于危险的时候，可以不惜自己的生命，他知道在有些情形之下，是值得以生命为代价的。他是那种施惠于人的人，但是他却耻于受人之惠；因为前者是优异的人的标志，而后者则是低劣的人的标志。他常常以更大的恩惠报答别人，这样原来的施惠者除了得到报偿而外，还会有负于他……恢宏大度的人的标志是不要求或者几乎不要求任何东西，而且是随时准

备着帮助别人，并且对于享有高位的人应该不失其庄严，对于那些中等阶级的人也不倨傲；因为要高出于前一种人乃是一桩难能可贵的事，但是对于后一种人便很容易如此了。意态高昂地凌慢前一种人并不是教养很坏的标志，但是若对于卑微的人们也如此，那就正像是向弱者炫耀力量一样地庸俗了……他又必须是爱憎鲜明的，因为隐蔽起来自己的感情——也就是关怀真理远不如关怀别人的想法如何——乃是懦夫的一部分……他尽情地议论，因为他鄙夷一切，并且他总是说真话的，除非是当他在对庸俗的人说讽刺话的时候……而且他也不能随便赞美，因为比起其他来，没有什么是显得重大的……他也不是一个说长道短的人，因为既然他不想受人赞扬也不想指责别人，所以他就既不谈论他自己也不谈论别人……他是一个宁愿要美好但无利可图的东西，而不愿要有利可图又能实用的东西的人……

亚里士多德这段经常被节选引用作为演讲的话语，深刻地披露了他对现实中存在着的希腊伦理的不满之处。但有一点是肯定的：这种人在一个社会里不可能有很多，因为恢宏大度的人的德性大部分要靠他所享有的特殊的社会地位。

友爱

古代希腊的四大美德中虽然不包括友爱，但希腊人还是很重视友爱这种德性的，《尼各马可伦理学》中用了近五分之一的篇幅专门讨论友爱。关于友爱，亚里士多德认为，这是生活必需的德性，无论富人和穷人、有权的和无权的、老年人和青年人都需要朋友，连同种的鸟兽也要相互友爱。接着他指出将友爱和城邦联系起来，立法者重视友爱更甚于正义，因为友爱可以加强团结，消除仇恨和斗争。他认为友爱和正义一样是建立和完善城邦所必需的群体的德性。

亚里士多德始终坚持，有三种东西是可爱的：善、愉悦和用处。友爱需要互有、互知善意，并且这种善意是出于上述原因之一。由此便产生出三种友爱：善的或德性的友爱、快乐的友爱、有用的友爱。快乐的友爱和有用的友爱不是无利害的友爱，因而是偶性的，一旦好处不复存在，快乐消失，友爱便一同消失，因而这两种友爱不会持久；善的友爱是因对方自身之故，既善也愉悦并且是有用的、持久的，善在总体上总是互相得益，快乐也是如此，所以善良的人既有总体快乐，又有相互间的快乐，这样的友爱总体上是快乐的。这是各方面十分完美的事情，并且完美的友爱只可能存在于善人之间。但是我们不可能和很多人做朋友，亚里士多德说：与许多人交朋友，对什么人都称朋友的人，就似乎与任何人都不是朋友，有少数几个德性的朋友，我们就可以满足了；这是城邦社会中的生活理想和基本道德，也是他们祈求实现的快乐和幸福。

同时，亚里士多德讨论一个人究竟能不能和自己做朋友，得出的结论是："当一个人肯定自己是善人时，他可以和自己做朋友，否则他只有以随时恨自己作为选择。"所以，善良的人都是高贵地爱自己，而邪恶的人都卑贱地恨自己。尽管友爱不受距离的限制，但难以经常交往，时间长了，就会使友情淡化，所谓"久别故人疏"。亚里士多德认为，友爱是一种相互鼓励、相互帮助的实践活动，离开了活动，难得谈友谊。亚里士多德还以友爱双方的地位、身份为根据，把友爱分为平等之友爱和不平等之友爱。兄弟、朋友之间的友爱是平等之友爱，君臣、父子、夫妇、长幼之间的友爱是不平等之友爱，人不应该和一个比自己地位高的人做朋友，除非他有更高的德性，可以配得上我们对他所表示的尊敬。在不平等的关系之中，例如夫妻或父子的关系之中，在上者应当受到更多的爱，所以人们不可能与神做朋友，因为他不能爱我们。在亚里士多德看来，位尊者与位卑者之间的友爱只能是不平等的。他特别强调尊卑之间的服从关系，这与他的阶级地位是有关的。基于以上的分析，亚里士多德提出了一个很重要的伦理原则，那就是：要像对自己好一样地对别人好，爱人如爱己。这和孔夫子说的“己所不欲，勿施于人”异曲同工。这条原则被称为伦理学上的“黄金规则”，在不同的文化传统中都有各自的表述。假若我们坚定地信奉它，必能过上幸福快乐的生活。

附　录

年　谱

公元前384年　出生于斯塔吉拉，幼年随父亲在马其顿宫廷度过。

公元前367年　前往雅典柏拉图学园。

公元前357年　开始在柏拉图学园授课。

公元前356年　腓力之子亚历山大出生，腓力来信希望在亚历山大长大之后，能够得到亚里士多德的教育。

公元前355年　开始写作《修辞学》和《诗学》。

公元前350年　开始写作逻辑学著作分析篇。

公元前347年　柏拉图去世，亚里士多德离开雅典，游学至小亚细亚。

公元前345年　奔走各地，研究政治和考察动植物。

公元前343年　前往马其顿宫廷，担任亚历山大的老师。

公元前338年　开始撰写《政治学》；腓力和亚历山大大败雅典军队，确立在希腊的霸权地位。

公元前336年　撰写《论灵魂》；腓力遇刺身亡，亚历山大登基。

公元前335年　返回雅典，以吕克昂为址办学，后人称吕克昂学园。

公元前330年　开始撰写《政治学》。

公元前323年　亚历山大病逝；亚里士多德逃离雅典城邦，前往哈尔基斯。

公元前322年　亚里士多德在哈尔基斯去世。

主要著作

（一）形而上学著作

《形而上学》

（二）逻辑学著作

《工具论》（有关逻辑学著作汇总）：《范畴篇》《解释篇》《前分析篇》《后分析篇》《论题篇》《辩谬篇》

（三）自然科学著作

1.《物理学》

2.《动物志》

3.《动物之构造》

4.《动物之运动》

5.《动物之行进》

6.《动物之生殖》

7.《论天》

8.《论生灭》

9.《气象学》

10.《论宇宙》

11.《论灵魂》

12.《论感觉及其对象》

13.《论记忆》

14.《论睡眠》

15.《论梦》

16.《论睡梦中的征兆》

17.《论生命的长短》

18.《论青年和老年》

19.《论生和死》

20.《论呼吸》

21.《论颜色》

22.《论声音》

23.《体相学》

24.《论植物》

25.《论声音的奇异》

26.《机械学》

27.《问题集》

28.《论不可分割的线》

29.《论风的方位和名称》

（四）美学著作

1.《诗学》

2.《修辞学》

3.《亚历山大修辞学》

（五）政治学著作

1.《政治学》

2.《经济学》

（六）伦理学著作

1.《尼各马可伦理学》

2.《欧德谟斯伦理学》

3.《大伦理学》

4.《论善与恶》

（七）《亚里士多德文集》以外的作品

1.《雅典政制》

2.《残篇选辑》